JN441319

Renascence and Other Poems

부활 그리고 다른 시

〈지식을만드는지식 고전선집〉은
인류의 유산으로 남을 만한 작품만을 선정합니다.
읽을 수 없는 고전이 없도록 세상의 모든 고전을 출판합니다.
오랜 시간 그 작품을 연구한 전문가가
정확한 번역, 전문적인 해설, 풍부한 작가 소개, 친절한 주석을
제공합니다.

Renascence and Other Poems

부활 그리고 다른 시

에드나 세인트 빈센트 밀레이(Edna St. Vincent Millay) 지음

김영훈 옮김

대한민국, 서울, 지식을만드는지식, 2025

편집자 일러두기

- 이 책은 미첼 케널리(Mitchell Kennerley)가 펴낸 《Renascence and Other Poems》의 1921년 판본을 원전으로 삼아 번역했습니다.
- 시행의 모양은 에드나 세인트 빈센트 밀레이의 문학 유산 집행인인 홀리 페페(Holly Peppe)가 편집한 빈센트의 밀레이의 《초기 시집(Early Poems)》(1998)을 참고했습니다. 원전의 이탤릭체는 고딕체로 표시했습니다.
- 시 속 숫자는 모두 한글로 적었습니다. 그 외 해설과 지은이 소개 등에서는 한, 두, 세 등으로 읽히는 숫자는 한글로, 일, 이, 삼 등으로 읽히는 것은 아라비아 숫자로 적되, 시간과 날짜는 모두 아라비아 숫자로 적었습니다.
- 한 편의 시나 중·단편소설, 희곡, 논문, 책 속의 한 장(章) 등 짧은 글은 〈 〉로 표시하고 한 권의 시집이나 장편소설, 단행본, 잡지 등은 《 》로 표시했습니다.
- 외래어 표기는 현행 한국어 어문 규범의 외래어 표기법을 따랐습니다.

차 례

에드나 세인트 빈센트 밀레이(Edna St. Vincent Millay, 1892~1950)
1914년 뉴욕, 22세, 아널드 겐터(Arnold Genthe) 촬영

빈센트 밀레이는 스무 살이 되던 해 〈부활〉을 발표한다.
이 시 한 편으로 대학 입학을 비롯한 무수한 문이 그녀 앞에
활짝 열렸다. 평단은 물론 대중의 마음까지 사로잡은 그녀는
낭송회마다 구름 같은 청중을 몰고 다니며
재즈 시대의 '포잇 걸(poet-girl)'로 불리게 되었다.
자유분방한 연애사는 그녀를 더욱 유명하게 만들었다. 그러나
그녀가 진정 사랑한 것은 다른 무엇도 아닌, 시였다.
남성들이 지배하던 문단에서
여성의 자아 해방과 성적 주체성을 노래한 빈센트는
1923년 퓰리처상을 수상했다.

부활 그리고 다른 시

부활

내가 서 있던 곳에서 볼 수 있었던 것은
그저 세 개의 긴 산맥과 숲 하나였다
돌아서 다른 쪽을 보니
만에 있는 세 개의 섬이 보였다
그래서 따라갔다
눈으로, 얇고 가는,
수평선을, 똑바로, 시작한
곳으로 되돌아올 때까지,
그리하여 내가 서 있던 곳에서 본 것은
그저 세 개의 긴 산맥과 숲 하나였다

산맥과 숲 너머는 볼 수 없었다
산맥과 숲이 나를 둘러쌌다
내가 서 있는 곳에서 손을 뻗으면
마치 닿을 수 있을 것만 같았다
갑자기 모든 것이 너무 작게 느껴졌고
숨이 차 와 쉴 수가 없었다

하지만, 분명, 하늘은 높다고 하지 않았던가
내 머리 위로 수천 길이나 펼쳐져 있으니
나는 여기에 등을 대고 누워
하늘을 마음껏 바라볼 것이다
그렇게 하늘을 바라보았지만, 결국,
하늘도 그렇게 높지만은 않았다
하늘도 어딘가에는 분명 끝이 있으리라 여겼다
그리고, 정말로! 하늘의 끝이 보였다!
하늘은 생각처럼 그렇게 웅장하지 않았다
내 손으로 만질 수 있을 것만 같았다!
그래서 손을 뻗어 만지려 하니,
하늘에 닿는 것이 느껴져 비명을 질렀다

비명을 질렀다! 그리고, 아, 무한이
나에게 내려와, 내 위에 거했다
무한은 내 비명을 내 안으로 밀어 넣고,
나의 팔을 꺾어 가슴 위로 올리고,
정의할 수 없는 것의 정의를
내 마음에 밀어 넣었다
무한이 내 눈앞에 렌즈를 가져다 대어

움츠러든 나의 눈은 렌즈
너머로, 겹겹이 펼쳐지는
광활함을 보아야 했다
내게 그저 한 마디를 속삭였으나,
그 한 마디는 온 세상의 공기를 먹먹하게 했고
다정한 천체의 수군거림도,
장막 친 하늘의 삐걱거림도,
영원의 째깍거림도,
모두, 내 귀에 그대로 들려왔다

나는 보았고, 들었으며, 마침내
과거와 현재, 그리고 영원까지,
모든 것의 이치를 알게 되었다
우주는 속까지 갈라져
내 감각이 탐사하게 열려 있었다
나는 메스꺼워, 서둘러 벗어나려 했지만,
그럴 수 없었다, 아니! 오히려
거대한 상처를 빨아, 독을 모두 빼낼 때까지
내 입술을 뗄 수가 없었다
아, 두려움에 떠는 노리개여!

완전한 지식에 대한 대가로 나의
영혼은 무한히 한탄한다
모든 죄가 나의 죄고, 모든
속죄도 나의 몫이었다
모든 회한의 울분이, 들끓는 모든
불의의 무게도, 모든 시기 어린
칼날 뒤의 증오도, 모든 탐욕과,
모든 욕망도, 전부 나의 것이었다

그리고 모든 슬픔과, 고통마다,
나는 간절히 갈망했다
모두를 위한 위안을, 그러나
덧없는 열망이었다! 그리고 느꼈다 맹렬한
불길을, 그 속으로 천 명의 사람들이 기어갔다
그들은 함께 죽어 갔고, 나는 그들을 위해 애도했다!

카프리섬에서 한 남자가 굶주리고 있었다
그는 눈을 돌려 나를 바라보았다
그의 시선을 느꼈고 그의 신음을 들었다,
그의 굶주림을 나의 것으로 알았다

바다의 짙은 안개를 보았다
휩싸인 두 배가 충돌해 가라앉는다
천 개의 비명이 하늘을 찌른다
모든 비명이 내 목을 찢는다

내가 느끼지 않은 고통이 없고
나의 것이 아닌 죽음이 없다
나의 것이었던, 울부짖는 마지막 숨결에
나의 연민은 울음으로 응답했다
모든 고통과 형벌이, 모두 나의 것이고,
나의 연민은, 신의 연민이었다

아, 끔찍한 무게여! 무한이
유한한 나를 내리누르는구나!
나의 괴로운 영혼이, 새처럼,
나의 입술을 쪼는 소리가 들렸다
그러나 무한은 너무도 가까이 있어
어디서나 그 무게를 느낄 수 있었다
그리하여 나는 무한의 무게에 눌려 누워

죽음을 맞이했으나, 죽을 수가 없었다

오래도록 그렇게 누워, 죽음을 갈망했다
조용히 내 아래의 대지를
조금씩, 조금씩, 파고들어
나를 짓누르는 무게가, 마침내
너무나 커져, 나는 땅속으로 가라앉아
완전히 무덤에 누운 것처럼 되었고,
그러자 더는 가라앉지 않게 되었다
아무리 무겁다 해도, 여기까지
따라올 수 있는 무게는 없다
가슴을 누르던 무게가 떨어져
나가자 고통받던 내 영혼이
폭풍처럼 터져 나와 주위에 먼지가 휘몰아쳤다

깊은 땅속 이제 나는 휴식을 취한다
기꺼이 죽은 자를 어루만지는
이마 위의 손길은 시원하고
머리 아래 가슴은 부드럽다
그때 갑자기, 온 세상에

연민의 비가 내리기 시작했다
내 초라한 초가지붕 위로 뚝뚝 떨어지는
빗방울 소리를 누운 채 들었다
그 소리는 여느 때보다
훨씬 더 사랑스럽게 들렸다
비는 참으로 다정한 소리다
무덤에 깊이 묻힌 이에게는
친숙한 목소리나 얼굴도 드물다
무덤은 너무나 고요한 곳이다

친절하게도 비가 내 새집에 와,
말을 건다고, 말했다
만약 다시 살아난다면
비의 손가락에 입 맞추고,
내 눈에 비스듬히 떨어지는 빛나는
은빛 줄들을 모두 마시리라, 그리고
비에 젖어, 반짝이는 사과나무에서 불어오는
상쾌하고 향기로운 바람을 맞으리라
소나기는 곧 멎을 것이고,
태양의 광대한 얼굴은

비에 젖은 땅 위에서 미소 지을 것이다
그러면 온 세상은 환희로 화답하며
기쁨에 떨 것이며, 풀잎 끝에 맺힌
물방울이 반짝이며 굴러갈 것이다

폭풍이 지나고 하늘이 다시,
맑고 푸르게 개는데, 여기에 묻혀
이를 어찌 견디겠는가?
오, 다채롭고 다양한, 내가 사랑하는,
아름다운 것을, 나는 결코,
다시 볼 수 없으리라, 다시는!
은빛 봄과, 황금빛 가을을
다시 보지 못하리라!
무덤에 굳게 갇혀, 너로부터 멀어져,
너의 무수한 마법을, 잠든 채 보내야 하다니!
오, 신이여, 나는 외쳤다
다시 대지로 돌아가게 하소서!
내게 새로운 생명을 주소서, 구름의
거대한 항아리를 모두 뒤엎어, 쏟아 내린
억수 같은 비가 급류가 되어, 내 무덤을,

말끔히 씻어, 나를 자유롭게 하소서!

내가 기도를 멈추자, 나를 맞은 숨죽인 고요를
통해, 머나먼 곳에서 급히
전령의 날개가 음악처럼 속삭이며
하늘을 향한 내 기도의 떨리는 현을
타고 내려오더니, 쾅!
바람의 거칠게 휘몰아치는 채찍에
놀란 먹구름은, 높이 솟구치다
공포에 떨며, 하늘 아래로 내달렸고,
검은 파도 같은 폭풍우가 하늘에서
쏟아져, 내 무덤을 강타했다

어떻게 이런 일이 가능한지는 알 수 없다
다만 내게 온 것이 무엇인지는 알고 있다
오직 행복한 생명에게만 깃드는
향기와, 즐거운 요정들이 기뻐
스스로 부르는 달콤한 노래,
그리고, 무엇보다 이 모든 것을
감싸고 퍼져 나가는 기쁜

깨어남의 감각이 있었다
귓가에 살금살금 속삭이는
풀들의 소리가 들렸다
빗방울의 서늘한 손끝이
부드럽게 내 입술을 스쳤고,
감겨진 내 눈 위를 다정히 어루만졌다
그리고 갑자기 내 눈의 무거운
밤이 걷혔고, 나는 보았다
비에 젖어 반짝이는 사과나무를,
마지막 남은 한 줄기 긴 은빛 빗방울을,
다시금 맑고 푸르게 갠 하늘을,
그리고 그때, 돌풍이 내게로
불어와 내 얼굴에 기적처럼
달콤한 과수원의 숨결을
불어넣었고, 그 향기와 함께,
어떻게 그런 일이 가능한지는 모르지만!
나는 내 영혼을 다시 들이마셨다

아! 그러자, 벌떡, 나는 땅에서
일어나, 죽었다 살아난 자만이

낼 수 있는 그런 환호를
지르며 대지를 찬양했다
나는 팔로 나무를 껴안았고
실성한 것처럼 땅을 껴안았고
떨리는 팔을 높이 쳐들고
하늘을 향해 웃고 또 웃었다
그러다 거친 흐느낌에
목이 메고 심장이 크게 고동치자
눈물이 터져 나왔다
오, 신이여! 나는 외쳤다
이제 그 어떤 어둠도 감출 수 없습니다
당신의 찬란한 존재를!
당신이 풀밭을 가로질러도 나의 눈은
재빨리 당신의 발걸음을 좇을 것이며
당신이 아무리 침묵 속에 말씀하셔도
나의 숨죽인 목소리가 답할 것입니다
나는 이제 서늘한 저녁을 매일
가르는 당신의 길을 알 수 있습니다
신이여, 나는 풀을 헤치고 손끝으로
당신의 가슴을 짚을 수 있습니다!

양쪽으로 펼쳐진 세상은
마음의 넓이보다 넓지 않고,
그 위로 펼쳐진 하늘은,
영혼의 높이보다 높지 않다
마음은 바다와 대지를
양손으로 멀리 밀어낼 수 있고
영혼은 하늘을 둘로 갈라
그 사이로 신이 얼굴을 비추게 할 수 있다
그러나 동과 서를 떼어 내지 못하는 마음은
그 사이에 눌리고 말 것이며,
영혼이 납작한 자에게는, 하늘이
머지않아 무너져 내릴 것이다

사이

이 방은 너로 가득해! 방에 들어와
문을 닫는 순간, 갑자기 허공 어딘가에서
만질 순 없지만, 무언가 의미가 가득 차
딱딱한 것이, 나를 아프게 내리쳤다!

날카롭고 낯선 냄새가 방마다 가지고 있던
소중한 개성을 파괴해 버렸다
장례식 꽃의 눅눅한 무거운 향과
죽음의 정수가 조용히 배어들어
가정의 익숙한 숨결을 교살했고,
숨결이 사라지니, 모든 집이 죽고 말았다
이제 어디를 보아도 끔찍한 변화뿐이다
여기 외에는, 여기는 마치 잡초에
숨 막혀 있던 문이 내 손길에 열려, 오랜 세월
잊혔던, 마법처럼 기묘하고 향기로운
천 년 전 정원에 발을 들여놓은 것 같았다
그러자 갑자기 떠올랐다, "여기에 왔었어!"

너는 이제 이곳에 없지, 너는 떠났고 다시는
이곳에 돌아오지 않을 것이다
그런데도 내가 말만 걸면 너의 조용한,
발걸음이 복도 너머에서 울려올 것 같고
고개만 돌려도 너의 달콤한 눈길이
문가에서 내게 입맞춤할 것 같다
어렵고 낯선 조에 맞추어 곡을 바꾸는 법을
배우기에는 시간이 너무 없었어!
방은 네가 떠난 그대로이고, 너의 마지막
손길과, 무심한 흔적은, 어느새
신성한 것이 되어, 이제 모든 사소한 것들을
거룩하게 하고, 먼지 낀 잿빛 손가락 사이
가려진 조명처럼, 거룩하고 성스러운 빛을 발한다

네 책이 네가 내려놓은 그대로,
책상 위에 놓여 있다니, 믿을 수 없다
네가 떠났다는 것을! 방금 전까지도 네가 분명
여기 있는 것만 같았는데, 꿈이 얼마나
현실 같았는지 헛웃음이 나오려 했다

하지만 웃기 전, 이미 알아 버렸기에 나는 침묵했다
그 책은 네가 놓은 그대로 펼쳐 있었어! "다음에는
무슨 일이 일어날까, 도대체 어떻게 끝날까"
아마도, 너는 이런 생각을 하며, 책을 두고
일어났다가 돌아오려고 했을 것이다
아마도 네가 일어나 방을 나설 때
저 의자는 잠시 말없이 흔들리다
다시 고요해졌겠지, 네가 영원히 이 방을
떠난 뒤에도, 아마도 저 의자는
네 움직임을 따라, 잠시 흔들렸겠지
고요히, 앞뒤로…

그리고 여기, 내가 준 갈색 책의 한 페이지에
네 손이 마지막으로, 크게 휘갈겨 쓴
단어들이 있지, 너의 손은 여기서,
펜을 빠르게 이끌며, 오르내린다
여기 't'에는 매듭처럼 걸친 뼴표가,
그리고 여기, 두 개의 이상한 'e' 위에도
비슷한 표시가 있지, 너는 아주 작았지만,
너의 글씨는 대담했지!

너무나 이상하다

수많은 말 중에 왜 이 단어들을 골랐을까!
어쩌면 단순한 선택이었을지도, 너도
몰랐으니까, 이 글이 마지막이라는 것을,
알았어도, 이제는 중요치 않아
그리고 사실, 시간이 없다는 걸 알았다면
펜을 내려놓고 내게 왔겠지
그러면 지금 이 페이지는 비어 있거나,
나는 다른 문구를 보며 너를 생각하겠지
그러나, 너는 알 수 없었기에, 이것이
네 손이 남긴 마지막 글씨가 되었지
"오늘 첫 스위트피 꽃을 꺾었다" 이 문장에는
사람들이 쉽게 알아채지 못할 품격이 있다
오늘이라! 옆에 있던 덜 핀 꽃들은
내일까지 남겨 두었을까? 아, 내 사랑,
꽃들은 시들었지만, 너는 돌아오지 않았다!
그날, 너는 내 두 팔을 가득 채웠지,
이제 내 팔은 텅 비어 있어 (아, 텅 빈 삶이여!)
그날, 그때, 네가 첫 스위트피 꽃을 꺾어
내게 보여 주려 가져온 날!

너와 함께 실려 온 너의 정원의 서늘한 향이
끔찍할 만큼 선명히 기억난다
네가 꽃을 내게 들어 보였던 것도
내가 꽃이 아닌 너의 얼굴을 바라보자
얼굴을 붉혔던 것도 기억난다
내 눈길 너머의 분명한 뜻을 읽고는
너는 웃으며 꽃을 내 입술에 입 맞췄지
(너는 신이 만든 가장 아름다운 존재였어)
그때 내 가슴 위의 네 손이
꽃대를 잡아 고정했지
네가 고개를 숙였을 때, 네 머리에 내가 입 맞춘 걸
너는 알고 있었을까 (사랑스러운 손이여!
네 손이 결국 움직이지 않는다는 것을
네 빛나는 머리칼에 결국 먼지가 내렸다는 것을
믿을 수 없구나) 천국이 필요할까,
세상이 이토록 달콤하다면? 신이 우리의 사랑을
허락했다면, 우리는 세상에 사랑을 보여 줬을 텐데!
사랑을 지우는 것이 정답이라면
영원의 책도 다르게 쓰여야 한다!

어디 있을까! 네가 꺾은 스위트피 꽃은
어딘가에 두었던 것 같은데
하지만, 모르겠어, 알 수 없어,
흰색이었는지, 분홍색이었는지도 모르겠어
첫 번째 꽃이었다는 것 외에는
그때는 그저 평범한 꽃이었지,
그때는 몰랐지, 마지막인 줄, 알았다면,
그러나 이제는 상관없지, 이상하게도,
결국 지나고 나면, 정말 중요한 것은
얼마 되지 않아
정말 얼마 되지 않아! 단 열 개의
짧은 단어로 세상을 매달 밧줄을 만들 수 있다니!
"너는 나의 것이었지, 그러나 이제는 내게 없지"
저기, 저기에 세상이 매달려 있어, 느슨한 음절들이
생각으로 죌 때, 저 아래에서 오랫동안
버틸 진실이 어딘가에 조금이라도 있을까?
여기에, 내가 써 볼게! 그저 알고 싶어
종이 위에서는 어떻게 보일지 말이야!

"너는 나의 것이었지, 그러나 이제는 내게 없지"

아, 작은 단어들이여, 너희는 무거운 짐을 지고도
어떻게 페이지 위를 그리 곧게 달릴 수 있는가?
어떻게 너희가 흩어질 수 있단 말인가,
이렇게 거대한 주제로 묶여 있었는데
이제는 사소한 표현에나 쓰인단 말인가,
그토록 끔찍할 만큼 위엄 있던 너희가!
신께서
너희를 갈라놓고, 너희를 꿰어 놓은 내 실도
끊어 버리게 하소서! 신이여, 아, 신이여,
내 마음은 이 무자비한 상상의 고문대 위에서
산산이 찢겨 나갑니다! 아, 잠시라도 잠들게 하소서!
잠이 들고 깨어나, 너와 함께한 그 달콤한
여름날 오후로 돌아갈 수 있기를
여름인가? 달력으로는 여전히 여름이구나!
신이, 뜻한다면, 얼마나 쉽게
세상을 한두 바퀴 되돌려!
슬픔을 바로잡고, 기쁨을 되돌릴 수 있을까!

우리는 완전히 한 몸이었기에 달리 죽을

거라고는 한 번도 생각하지 못했다
내가 움직일 수 있는데 네가 뻣뻣이 굳어 버릴 거라고는!
내가 말할 수 있는데 네가 침묵해야 하다니!
우리의 심장은 꼭 튼튼한 천의 씨실과 날실인 양
얽히고설켜 있었지, 네 금빛 실이 아름다운
무늬를 이루며 내 어두운 실을
가로질렀지, 그런데 오늘
빛나는 띠는 찢기고, 섬세한 무늬는
파괴되고 말았어, 네 심장의 일부가 내 가슴에서
아프고, 내 심장의 일부가 차가운 흙 속에서
너와 함께 있네, 나는 두 쪽으로 찢겼고
나의 반쪽 때문에 괴로워한다
삶은 내게 무엇인가? 그리고 나는
삶에 무엇인가? 별을 잃은 배?
깊은 밤, 끊임없이 깨어나,
떨리는 공기의 팽팽한 줄 위에
감각을 곤두세우고, 두려운 음악이
다시 울리길 기다리는, 공포가 아닐까?
어둠, 은유로 찾을 수 있는 것은 어둠뿐이지
다른 모든 것은 대조이나, 대조의 벽마저

무너지니, 모든 반대되는 것들이 뒤섞여 어마하게
단조로워지고, 그 속에서는, 밤과 낮,
서리와 해빙, 죽음과 삶이 동의어가 되어 버렸다
이제, 이제, 세상을 어지럽히는 재잘대는
새와 어리석은 꽃이 내게 무슨 의미가 있겠는가?
너는 나의 노래였어! 불협화음이여
이제 비명을 질러라! 너는 나의 꽃이었어!
세상이여 이제 잡초로 뒤덮여라! 네 무덤 위에는
아무것도 심지 않을 것이다 (스스로를 위로하는
허울뿐인 애도의 흔한 처방이라니!)
오늘, 너의 부재로 모든 감각이
마비된 가운데에 분명히 순수한 것은
오직 슬픔뿐이기에, 나는 슬퍼한다
내 진실을 거짓 고통으로
조롱하지 않을 것이며,
형체 없는 이 슬픔을 작고 찌푸린 얼굴로
형상화하려 하지도 않을 것이다
내가 너를 불러낼 수 없으니, 내 무형의
목소리로 아무것도 말하고 싶지 않다
내가 고개를 좌우로 돌리며 "내 얼굴이

너를 향한다"라고 말할 수도 없다
네가 어디 있는지도 모르고, 천국이
너를 품었는지, 혹은 대지가 너의 몸과 영혼을
다시금 흙으로 되돌렸는지도 모른다
그러나 이것만은 알고 있다
단 일 초도 환영으로 내 눈을 모욕하지 않으리라
순진한 무리는 간절한 마음에
허공을 바라보며 스스로를 현혹한다
세상이 울게 하라! 쉬운 눈물을 흘리게 하라!
나의 슬픔은 침묵하리라!

내가 뭐라는 거지?

신이여! 신이여! 불쌍히 여기소서! 내가 광기에
휩싸였는지, 묵주에 침을 뱉다니!
내가 이토록 초라해졌나? 오, 신이여
끝없는 슬픔도 한순간으로 만드는 열광의
믿음을 저 역시 느낄 수 있게 하소서
비록 믿음이, 본래대로, 잠시 격한
통곡과 함께 가야 하더라도! 저는 세상과 함께
새로이 죽은 자를 위해 울고, 그들을 가엾이
여겨 화환을 걸고 싶습니다! 세상을 살게

하는 것은 진리가 아니라 믿음이고
만약, 아시다시피, 모든 믿음의 초석이어야 하는
무의식적인 믿음이 갑자기 흐트러진다면
지금 겁 없이 나는 새들도
공포에 질려 땅에 떨어질 것이며
물속의 물고기들도 익사할 것이며, 세상을
다스리는 모든 고삐는 신의 경악한 손에 엉켜
온 우주가 파멸을 향해 곤두박질칠 것입니다!

오, 신이여, 이제 깨달았습니다, 제 아픈 머리가
휘청이다 쓰러집니다! 숨 막힐 듯한 갑작스러운
깨달음이 너무 자주 제 뇌리를 스칩니다
그 순간 온 우주가 제 앞에서 마치 두루마리처럼
펼쳐지고, 저는 그 위의 혼돈과 파멸을 읽습니다
무력한 행성들이 어지러이 맴돌며
빙글빙글, 계속해서, 어지럽게 돌고 있습니다

마치 탁자 위의 팽이처럼, 이들은 돌 때마다
속도를 더해 가고, 한순간 가장자리에서
위태롭게 흔들리며 아래를 내려보다

다음 순간 순식간에 눈앞에서 사라집니다!

아, 완전히 지쳤어요, 지쳤습니다
그저 살과 피로 된 존재인 제게는 벅찹니다
다시 한번 당신이 죽는다 해도, 저는 자야 합니다
그저 살과 피로 된 존재인, 저는 자야 합니다

자살

"너를 저주한다 삶이여, 더는 너와 같이 살지 않을 거다!
너는 나를 모욕하고, 굶겼고, 내 몸을 지독하게 때렸다!
나아가 나는 하지도 않은 맹세 때문에
네 부스러기마저 혹시 몰라 입을 맞추며
소중히 먹었고, 너의 냉소는 애원으로
너의 매질은 눈물로 받았지,
그래, 나는 열정이 소진되면 이를 휴식으로 여겼고,
네 탐욕스러운 채찍에도 기꺼이 기어 나갔다!
그러나 이제 나는 떠난다, 위협도, 친절한
너의 때늦은 가벼운 맹세도 소용없다
이제 내게는, 두려움도 신념도 모두 떠났다
나는 외로이 왔고, 나는 홀로 떠난다
어디로 가는지, 누구에게로 가는지 모르지만,
네가 따라올 수 없다는 것만은 분명하다"

나는 삶에게 이렇게 말하고 멈추었으나
머릿속에서 여전히 생각이 맴돌아, 다시 말했다

"아, 그러나 나는 왔을 때와는 달리 떠난다
내가 가져온 과거의 은총은 흔적도 없어졌다!
너의 불길이 나를 달궜고, 너의 손이 나를 구부렸다
너의 욕망이 나를 빚었고, 너의 흔적이 내게,
새겨졌다! 나는 더 이상 예전의 내가 아니며
이제 다시는 예전으로 돌아갈 수도 없다
나는 내가 되려던 모든 것의 재에 불과하다
내 안의 도약하던 모든 것은 가라앉고
꿈꾸던 모든 것은 놀라 잠을 이루지 못하니,
부끄러워해라, 네가 만든 이 비참한 변화를!
나는, 더 이상 웃지도, 목청껏 노래하지도 못한다!
아, 삶이여, 나는 자라서 그 집에
즐겁게 머물 수도 있었을 거다,
네가 내 작은 기쁨을 그대로 두었다면!
내가 너에게 부탁한 것은 아무것도 없다
오직 태양 아래서 놀기만을 원했지!
그런데도 너는 거절했지, 내 이름을
네가 집요하게 불러, 결국 일어나 네게 갔지
그 후로는 다시는 태양을 보지 못했다

불쾌한 생각에 너무 오래 빠지는 건
좋지 않은 일이지, 내일 아침 다시
일어나야 하고, 또다시 싫어하는 일을
되풀이해야 한다면 말이야, 하지만 나는 이제
내 상념과 이 밤을 제하고는 모든 것에서
벗어났지, 그래서 지금은 이미 너로부터
많이 멀어지고, 자유로워진 듯하다, 조급함도,
망설임도 느껴지지 않는다, 그저 사색에 잠긴 얼굴로,
곧 들이마실 낯선 술잔을 음미하고 있을 뿐이다"

나는 삶에게 이렇게 말한 후, 멈춰 옅게 웃었다
아무것도 바라보지 않은 채, 이제 내 가느다란
꿈들이 내 앞에 하나하나 줄지으니, 다시 한번
나는 오래된 후렴구에 새 말을 붙였다

"네 보물은 한 번도 내 것이 아니었지!
네 황량한 집의 그 많은 비밀의 방에는
따뜻한 불빛이 빛났고, 노래의 돌풍이
홀로 앉아 있는 나에게 꽃처럼 날아왔지!
나는 오랫동안 네가 나에게 조금이라도

나눠 주기를 기다렸지, 그러나 이제 나는 떠난다!
남기는 것도 없고, 아무것도 얻지 못해도
나는 그저 원래의 나로 돌아갈 뿐이다!"

나는 이렇게 삶에게 말하고는 멈춰 섰다
그러고는 돌아서 곧장 뒷벽에 있는 그 문을 찾았다
문은 무겁고, 낮았으며, 어두웠다
다른 출구가 있다면 어떤 이도
가지 않을 길, 아무도 두드리지 않을 문이었다
문에는 기묘한 자물쇠가 달려 있는데,
나는 우연히도 이 자물쇠의 만듦새에 문제가
있다는 것을 알고 있었다
삶은 쓸모없는 열쇠를 가지고도 만족했다
커다랗고 두터운 경첩은 녹슬어 거칠었고
침묵을 가르는 갑작스러운 소리는 분명
거슬리다 못해 끔찍하게 들렸을 것이다
기묘한 문, 난쟁이처럼 흉측한 문이다
가까이 다가가자, 문턱 아래로 발치에
스며드는 독한 바람의 한기가 느껴졌다
나는 오래도록 그렇게 서 있었다

마침내 피곤이 밀려와, 모든 생각이 자리를 내주었고,
고요한 밤이 눈처럼 내려와, 나는 잠을 간절히 바랐다
그런데, 갑자기 아침이 되었음을 알리는
종탑의 종소리가 우렁차게 울려 퍼졌다!
놀라, 고개를 번쩍 들고, 나는 비명과 함께
자물쇠를 움켜쥐고, 밖으로 나갔다

*

아, 오랫동안 잊었으나, 또렷이 기억나는 이 길이,
나를 이끈다, 오래된 내 거처로,
내 아버지의 집으로! 내가 도착한 그 밤,
사람들은 잔치를 벌이고 있었지, 모든 것이
예전 그대로였다, 찬란한 빛이 벽에 드리웠고
삶의 집에 있던 나를 부르던
아주 오래전부터 메아리쳤던,
그 달콤한 노래를, 모두들 부르고 있었다
그들의 의복은 너무나 눈부셔, 나는 입고 온
초라한 옷이 부끄러워 고개를 숙였다
그러나 바로 누군가 내 망설임을 비웃었다

"여기는 우리 아버지의 집이야!" 하고 문을 두드리니
문이 열렸다, 빛나는 사람들 속으로, 더러운
누더기 차림인 나는, 한 조각 구름처럼 들어갔다
오직 아버지의 얼굴만 보고, 아버지에게 기어가
"아버지!" 외치며, 당신의 무릎을 끌어안고 울었다

*

아, 그 후에 찾아온 기쁨의 나날들이여! 나는 홀로
집 안을 거닐며, 모든 내 것들을,
오랫동안 그토록 그리워하고 갈망했던 것들
그 모든 것들을 만지고, 맛보고, 냄새 맡았다!
아무도 나를 깨우지도, 내 노래를 막지도 않았고,
종일 햇살 아래 있는 나를 안으로 부르지도 않았다

언제부터 궁금했는지는 기억나지 않는다
아버지의 일이 무엇이며, 아버지가 보내는
장신의 우아한 사자들이 어디로 가며
어떤 심부름을 하는지
그러던 어느 날, 새벽부터 밤까지, 노래도 없이 앉아,

사자들이 사라지는 것을 궁금히 바라보았다
그리고 다음 날, 사자를 불러, 사흘째 되는 날에
동행을 청했으나, 아무도 듣지 않았다
갈망에 병든 나는 마침내 일어나, 아버지께 갔다
당신은 오랜 세월 동안 수많은 도표와
구체로 둘러싸인 광대한 방에 앉아 계셨다
“아버지,” 나는 말했다, “아버지, 저는
당신이 하사하신 하프를 더는 연주할 수 없어요,
하루 종일 아무 일도 없이 앉아 있을 뿐이에요,
당신의 고요하고 엄숙한 하인들이
오가는 가운데 말이에요
저는 이 외로운 평온함에 지쳤어요
하루 종일 햇살 아래 잡초처럼 앉아
여기서 이렇게 무의미하게 살아가기보다는
바다 저편의 위험한 여행을 택하겠어요
아버지를 가장 열심히 섬기는 이들보다
더 당신을 사랑해요, 하지만 저는 어떤 방식으로도
당신을 섬기지 못하고 있습니다
아버지, 작은 일을 하나 주세요, 제 삶에 의미를 줄,
제 평생 유일한 소망이에요, 평생 거절하신다면, 저는

소멸할 것입니다”

“아이야,” 아버지의 음성이 답했다

“네가 나에게 바란 것은 이미 모두 주었다
나는 너를 위해 집 안에 넓은 방을 마련했고
네가 쓰고, 입고, 놀 아름다운 것들로 채웠다
이 모든 것이 네 것이다! 노래를 좋아하느냐?
내 악공들이 하루 종일 널 위해 연주할 것이다
아니면 꽃을 그리워하느냐? 내 가장 아름다운
정원이 너를 위해 들판처럼 펼쳐져 있다
네게 내 약속은 언제나 변치 않을 것이다
네가 바라는 어떤 즐거움도 결코 부족하지 않을 것이다
하지만 일을 달라면 말이다”
당신은 미소 지으며 고개를 저으시더니
“너는 너의 일을 가졌고, 이미 내려놓았다” 하셨다

신의 세상

아, 세상이여, 아무리 널 안아도 부족하구나!
너의 바람, 너의 드넓은 회색 하늘!
흐르다 피어나는 너의 안개!
너의 숲은, 이 가을날 병들어 말라 가고, 색채가
터질 듯이 울부짖는다! 저 음산한 절벽을 부수고 싶다!
저 기울어진 검은 절벽을 들어 올리고 싶다!
세상이여, 세상이여, 아무리 널 가져도 부족하구나!

이 모든 것 안에 영광이 거한다는 것은 오랫동안
알고 있었지만, 결코 몰랐다, 여기에
나를 갈기갈기 찢는 열정이 있는지
신이여, 두렵습니다, 올해 당신이 만든 세상은
너무나 아름다워, 영혼이 빠져나갈 것만 같습니다
불타는 낙엽 하나 떨어지게 하지 마소서
부디, 어떤 새도 울리지 마소서

언덕 위의 오후

나는 태양 아래 가장 기쁜
  존재이리라!
백 송이 꽃을 어루만져도
  하나도 꺾지 않으리

고요한 눈으로 절벽과 구름을
  바라보고, 바람이,
풀잎을 꺾을 때, 그 풀잎이 다시,
  일어나는 걸 바라보리라

이제 마을에서 하나둘 불빛이
  켜지기 시작하면,
어느 불이 내 불인지 분명히
  가늠하고, 내려가리라!

슬픔

슬픔이 멈추지 않는 비처럼
　내 마음을 두드린다
사람들은 고통에 몸을 틀고, 비명을 지른다
새벽이 와도 마찬가지일 것이다
슬픔은 차지도 기울지도 않고,
　끝도 시작도 없다

사람들은 차려입고 마을로 가지만
　나는 의자에 앉아 있다
내 생각은 모두 느리고 갈색이다
앉으나 서나, 마찬가지다
무슨 옷을 입든, 어떤 신발을
　신든, 마찬가지다

술집

나는 작은 술집을 열 거야
  높은 언덕 마루 아래,
회색 눈을 가진 사람들이
  앉아 쉬어 갈 수 있는 곳

그곳에는 접시와 잔이
  넉넉하지, 그리고 한기를 녹일 거야
언덕을 올라온 모든
  회색 눈의 사람들의

그곳에서 나그네는 곤히 잠들며
  여정을 마치는 꿈을 꾸겠지,
그러나 나는 한밤중에 일어나
  꺼져 가는 불을 다시 살릴 거야

그래, 별난 바람일지도 몰라,
  하지만 내가 아는 모든

선한 것은, 오래전에
  두 회색 눈으로부터 배웠지

삶의 재

사랑이 떠나고 나니, 남은 날들이 모두 같아진다
　먹어야 하고, 자야 하겠지, 밤이 어서 오기를 바라며
하지만 아! 깨어 누워, 느린 시간 소리를 들으니!
　차라리 다시 낮이었으면! 황혼이 다가오는!

사랑이 떠나고 나니, 무엇을 할지 알 수 없다
　이도 저도 네가 무엇을 하든 내게는 모두 같다
하지만 나는 시작한 모든 일들을 중간에 그만두지,
　내게는 무슨 일이든 별 쓸모가 없다

사랑이 떠나고 나니, 이웃이 문을 두드려 빌려 간다
　삶은 긁아 대는 쥐처럼 영원히 이어지고
그렇게 내일도 내일도 그리고 내일도 내일도
　이 작은 거리와 작은 집만이 있을 뿐이다

작은 유령

그녀가 내 정원을 거닐던
　작은 유령임을 알았다
담장은 높았고, 보통보다 훨씬,
　그리고 초록 대문은 잠겨 있었다

하지만 그런 건 생각하지 못했다
　그녀가 가 버릴 때까지
그녀가 주름이 가득한 챙이 넓은
　흰 모자를 쓴 것을 보고 알았다

발치에 걸린 사랑스러운 주름과,
　그녀의 하얀 옷자락 사이에 드러난
소박하고 예쁜, 레이스 장갑을,
　끼고 있는 작은 손을 보고 알았다

그녀가 머무를지 지켜보았다
　그녀가 무엇을 하려는 걸까, 아!

그녀가 내 방식으로 가꾼 정원을
  좋아하는 것처럼 보였다!

그녀는 내가 가장 좋아하는 민트 위로
  몸을 기울였고, 우아한 정원을 보며
계속 미소 지었기에, 그녀의 얼굴엔
  슬픔은 그림자조차 없었다

그녀는 드레스 양옆을 살짝 들어
  슬리퍼를 드러냈고,
길을 따라 당당하게, 위대한
  여인들처럼 걸었다

그리고 새로 쌓은 덩굴 하나 없는
  담장 앞에,
멈추더니, 예전엔 문이 있던 그 자리로
  그녀는 사라졌다

슬픔의 친척

슬픔이 자주 내 문을,
　두드리네
크지도 작지도 않게,
　슬픔의 손에는
그저 오래된 습관처럼,
　나는 슬픔의 친척인가?
현관 계단에는 금잔화가 피고
　로즈마리가 자라는데
그러고 나면 슬픔이 찾아드네,
　슬픔이 이곳의
로즈마리나
　금잔화를 신경 쓸까?
나는 슬픔의 친척인가?
　우리는 피붙이인가?
이토록 자주 내 문을 두드리네,
　아, 들어와!

부서짐의 세 노래

I

내 장미나무의 첫 장미가
　트이고, 피고, 부서졌다
내게는 모든 것이 무의미했던
　　　슬픈 시절에

슬픔 중의 슬픔이 나를 완전히 메마르게 했다
　여전히 애석한 일이다
아무도 보지 못했다니, 분명 정말
　　　예뻤을 거야

II

작은 새들이 노래하고
　어린 양들이 뛰노니

여기에 봄이 왔다, 그래, 이것이 봄이지
　하지만 예전과는 다르다!

나는 한 장소를 기억한다
　자두나무 한 그루가 자라던
거기서 네가 고개를 들어 올리면,
　꽃들은 너를 덮었다

작은 새들이 노래하고,
　어린양들이 뛰노니
여기에 봄이 왔다, 그래, 이것이 봄이지
　하지만 예전과는 다르다!

III

산딸나무 꽃잎들이 온통 나무 아래 흩어졌어!
　봄은 가기도 전에, 아, 이미 가 버렸지!
너와 나 같은 이에게 여름은 오지 않아
　꽃은 피건만, 열매는 맺히지 않지

산딸나무 꽃잎들이 온통 나무 아래 흩어졌어,
  꽃들은 하루 만에 가장자리가 갈색으로 시들었어
진심으로 바란다, 그 꽃들이 내 무덤을 장식하길,
  무덤으로 향하는 모든 길에 잡초가 무성하길!

수의

죽음이여, 보소서, 제 마음이 절합니다
　당신께, 아, 어머니!
이 붉은 드레스는 무엇보다 훌륭한
　수의가 될 것입니다!

(결혼 드레스를 입는 것도
　기다리지 못한 저는
제 머리카락만큼 어두운 옷을
　입고 답했지요

오늘 밤, 그가 오기까지
　기다려도 기다릴 수 없는 저는,
불꽃처럼 타오르는 드레스를 입고
　그들을 위해 문을 지켰어요)

죽음이여, 보소서, 제 마음이 절합니다
　당신께, 아 어머니!

이 붉은 드레스는 무엇보다 훌륭한
수의가 될 것입니다!

꿈

사랑, 제가 울어도 상관없겠죠,
　당신이 웃어도, 신경 쓰지 않을 거예요
바보같이 그런 생각을 해요
　그래도 당신을 거기서 느낄 수 있어 좋아요

사랑, 꿈속에서 깨어나는 꿈을 꾸었어요,
　창백하고 무서운 달빛이 마루 위로 뻗었고
어딘가에서, 어딘가에서,
　덧문이 열려 삐걱거렸어요!

바람에 흔들렸는데 바람이 불지 않았어요!
　두려워, 당신을 향해 몸을 돌려요,
위로받으려 손을 뻗었는데,
　당신은 사라지고 없네요! 이슬처럼 차갑고

차가운 달빛만 내 손 아래 있어요!
　사랑, 당신이 웃어도, 신경 쓰지 않을 거예요,

그러나 제가 울어도 상관없겠죠,
　아, 당신을 거기서 느낄 수 있어 좋아요!

무관심

사랑은 더디고, 아, 늦게 온다, 그렇게 말했다
  “따뜻한 침대에서도 그의 발소리는 들으면 알아요
하지만 결코 내 베개를 떠나지 않을 거예요,
  사람들이 눈물로 그를 맞아들여도요!” 그렇게 말했다

사랑은 더디고, 아, 그는 새벽이 돼야 오기에, 누웠다
  누워 그의 발소리를 기다리니 잠들 수 없었다
그는 아마도 누군가가 흘렸을 눈물에 서글퍼하며,
  내 큰 망토를 걸친 채 내 창문에서 나를 보았다

마녀 아내

그녀는 붉지도 창백하지도 않아,
　나는 그녀를 결코 완전히 가질 수 없을 거야
그녀는 동화에서 손재주를 배웠고,
　밸런타인 카드에서 입술을 배웠지

그녀는 필요보다 머리칼이 많아,
　햇살 아래 서면 나에겐 괴로움이지!
그녀의 목소리는 색색의 구슬 목걸이야,
　혹은 바다로 이끄는 계단이지

그녀는 온 마음으로 나를 사랑하고,
　어떤 일에도 나를 따르지만
그녀는 남자를 위한 존재는 아니야,
　나는 그녀를 결코 완전히 가질 수 없을 거야

병충해

내가 심은 증오의 단단한 씨앗이
　지금쯤이면 자랐으리라,
거친 줄기와, 두꺼운 수술에서
　독한 꽃가루가 흩날리고,
숨 막히는 악취가,
　검은 꽃부리에서 뿜어져 나오리라!

새벽에 습한 내 정원에서
　나는 차가운 이슬을 털어 냈고
내게 길을 열었던 가는 가지들은
　내 뒤에서 나를 잠그듯이 얽혔다
꽃들은 잠든 채였고, 나는 아름다운 것은
　자라지 않는 곳을 찾았다

그리고 그곳에서, 날이 밝아 올 무렵,
　무릎을 꿇고 주위를 둘러보았다
빛은 가까웠고, 침묵은

소리 속에 두근거렸다
나는 가슴속의 증오를 꺼내
땅속 깊이 밀어 넣었다

아, 그렇게 지극히 돌본 너희,
너희 작은 증오의 씨앗아!
새벽에도, 정오에도, 해질녘에도
너희가 자라는 것을 굽어보았지만,
너희는 가련히 늘어지기만 하니,
너희를 바르게 키울 수가 없구나!

태양이 내 정원을 샅샅이 비추니,
그늘진 구석 하나 없어,
안개나, 곰팡이나, 습기가
풀잎 하나에도 머무르지 못하고,
달콤한 비는 모든 가지 아래로 내리니
너희가 휘청이고, 너희가 시름한다

한 해가 저물 무렵이면

한 해가 저물 무렵이면
　기억하지 않을 수 없다
시월, 십일 월,
　그녀는 추위를 참 싫어했지!

제비들이 하늘을 가로질러
　남쪽으로 날아가는 걸 보면,
창가에서 돌아서며 짧고 날카로운
　한숨을 쉬곤 했지

갈색 낙엽이 바삭바삭
　바닥을 덮고,
굴뚝 속 바람이
　우울한 소리를 내면,

그녀는 내가 잊을 수만 있다면
　잊고 싶을 그런 표정을 지었지

그것은 그물에 걸린 겁먹은 것의
　표정이었지!

아, 해질녘 부드러이 보슬보슬
　내리는 눈이 아름답구나!
서로를 문지르는 벌거벗은
　나뭇가지가 아름답구나!

그러나 그녀에겐 타오르는
　벽난로의 불길과, 모피의 따스함,
주전자에서 물이 끓는
　소리가 아름다웠지!

한 해가 저물 무렵이면
　기억하지 않을 수 없다
시 월, 십일 월,
　그녀는 추위를 참 싫어했지!

소네트

I

라일락이 그대보다 아름답고, 그래,
인동초도, 작고 하얀 양귀비도 그대보다
고우니, 그대의 아름다움을 나는 견딜
수 있지, 그대 앞에 고개를 숙이고 어디로
가야 할지 몰라, 내 혼란한 눈은 좌우를,
헤매나, 그대에게서 벗어날 피난처는
어디에도 없지, 그러나 맹세해 안개
속에서도, 달빛 아래에서도 그러했다고

날마다 한 방울씩 위험한 독을 더해
마침내 열 사람을 죽일 독도 이겨 낼 수
있게 된 사람처럼, 나 또한 아름다움에,
단련되어, 매 시간을, 지난 시간보다
더 깊이 들이켜며, 누군가에게는,
파멸이었던 것을, 마시며 살아가지

II

시간은 위로를 주지 않아, 모두 거짓말이었어
시간이 내 고통을 덜어 줄 거라고 말한 당신들 모두!
울먹이는 빗속에서도 그가 그립고
썰물이 밀려 나갈 때도 그가 간절해
산비탈마다 오래된 눈이 녹아내리고
지난해의 낙엽이 골목마다 연기가 되었지만
작년의 쓰라린 사랑은 어쩔 수 없이 남아
내 가슴에 옛 생각과 함께 쌓여 있어!

두려워서 가지 못하는 곳이 백 군데나 있지
모두 그의 기억으로 가득 차 있어!
그래서 그가 한 번도 들른 적이, 비친 적이 없는
조용한 장소에 안심하고 들어가 말한다
"여기에는 그에 대한 기억이 없어!"
그러고는 멍하니 서서 그를 되새긴다!

III

봄에 젖은 대지와, 봄철에 피어나는
모든 꽃들, 먼지 이는 길과, 엉겅퀴들,
그리고 천천히 차오르는 보름달,
여름 내내 노래하는 모든 목소리와
떠나는 모든 날갯짓, 벌거벗은 가지에
드러난 모든 둥지와, 어떤 날씨에도
불어오는 모든 바람과, 사계절이 몰고 온
모든 폭풍우 속에서, 너를 생각한다

너는 더 이상 오직 안개와 아침만이 알던
그 길을 의기양양하게 걷지도 않고
바람을 보지도, 너무 높이 날아 볼 수 없는
새의 날갯짓 소리를 듣지도 못하지만,
너는 젊고 달콤하고 어여쁘다는 말로는
충분하지 않기에, 긴 한 해가 너를 기억한다

IV

태어났을 때 이 방에서만 울었던 것은
아니다, 그 신비한 밤, 긴긴 시간이 지나고
아침이 가까워졌을 때, 본 적 없는
낯선 벌판과 바닷가에서, 기이한
기쁨과 슬픔 속에서, 나는 울었다
방 하나가 나를 온전히 담지는 못하리,
나는 수많은 방에서 처음으로 빛을 본,
모든 어머니의 아이, 이 땅의 토박이다

그러므로 세상의 불이 사그라지니
오늘은, 어느 불에서도 온기를 느낄 수 없다
한때 맹렬히 타올랐으나, 지금은 차가운,
벽난로 앞에 무릎을 꿇고, 헛된 욕망에,
헛되이 숨 쉬며 피로에 지친 몸을 펴고
내 작은 신들을 거두고 떠나기를 갈망한다

V

당신이 떠났고, 다시는 돌아오지,
못한다는 것을 문득 우연히 알게 된다면
어떨까요, 가령, 지하철에서 옆 사람이,
펼친 신문 뒷면에서 알게 된다면,
이 거리 어느 골목 모퉁이에서 (신문에는
이런 기사가 가득하죠) 급히 길을 가던
한 남자가, 그 남자가 하필 당신이었죠,
오늘 정오에 우연히 세상을 떠났다는 것을,
나는 소리 내 울 수 없기에, 지하철에서
손을 부여잡고 통곡할 수는 없으니,
나는 그저 플랫폼의 불빛이 스쳐 지나가는 것을
조금 더 유심히 바라보거나, 고개를
들고 모피 보관이나 머리 손질에 대한
기사를 꼼꼼히 읽겠지요

VI

푸른 수염

열지 말라는 문을 너는 열었지, 그러니
이제 들어와서 봐, 얼마나 하찮은 이유로
네가 나를 배신했는지… 여기에는 숨겨진,
보물도, 가마솥도, 진실을 말하는 거울도 없어
너 같은 욕망 때문에 살해당한 여자들의
머리도, 고통에 몸부림친 흔적도 없어,
그저 네가 보는 것이 전부지… 자 다시 봐!
이 텅 빈 방, 거미줄에 뒤덮인, 이 쓸쓸한 방
내 삶에서 이 방만큼은 내 것이었지
누구도 나를 완전히 알 수는 없었이
그런데 네가 오늘 밤 이 방의 문턱 너머로
기어 와 나를 이토록 모독하다니,
다시는 네 얼굴을 보지 않겠다
이제 이 방은 너의 것, 나는 다른 곳을 찾는다

해 설

1917년에 출간된 《부활 그리고 다른 시(Renascence and Other Poems)》는 에드나 세인트 빈센트 밀레이(Edna St. Vincent Millay, 1892~1950)의 첫 시집이다. 이 시집에는 그녀의 출세작인 〈부활(Renascence)〉이 실려 있다. 〈부활〉은 1912년 공모전 '서정시의 해(The Lyric Year)'의 출품작 중 하나였다. 이 시는 비록 수상을 하지는 못했지만, 심사위원과 독자들에게 당선작보다 더 강렬한 인상을 주었다. 〈부활〉을 계기로 빈센트는 대학에 진학할 수 있었고, 작가가 될 수 있었다. 빈센트 밀레이가 세계적인 시인으로 성장해 가는 첫 번째 문턱에 바로 이 시가 있었던 것이다.

《부활 그리고 다른 시》는 새로운 시대와 세대의 감수성 변화를 반영하면서도, 전통 형식에 충실한 시들을 담고 있다. 남성들이 지배하던 미국 문단에서, 빈센트는 강렬한 감정 표현, 여성의 사랑과 독립, 삶과 신에 대한 적극적인 해석을 통해 자신만의 목소리를 냈다. 그녀는 페미니즘과 자유연애를 지지했고, 그렇기에 그녀의 시들은 종종 여성의 자아 해방과 성적 주체성을 노래한다고 평가받는다. 《부활 그리고 다른 시》에 수록되어 있는 처음 세 편의 시 〈부활〉, 〈사이(Interim)〉 그리고 〈자살(The Suicide)〉은 모두 긴 서사시다. 〈부활〉은 인간의 존재와 자연, 인간과 신의 관계를 탐구하는 낭만적이면서도 형이상학적인 시다. 성찰적이면서도, 감각적인 묘사가 풍부하다. 전통적인 운율과 반복을 사용하고 있고, 시적 화자의 내면의 환기와 죽음 체험을 통해 초월적 통찰을 시도한다. 이 시를 보면 빈센트가 20세기 초반의 모더니즘 작가들과는 달리 19세기 미국 문학의 초월주의 전통을 이어 가고 있다는 것을 알 수 있다.

〈부활〉은 산과 바다, 들판과 하늘을 바라보는 감각적 묘사에서 출발한다.

내가 서 있던 곳에서 볼 수 있었던 것은
그저 세 개의 긴 산맥과 숲 하나였다
돌아서 다른 쪽을 보니
만에 있는 세 개의 섬이 보였다
그래서 따라갔다

눈으로, 얇고 가는,
수평선을, 똑바로, 시작한
곳으로 되돌아올 때까지,
그리하여 내가 서 있던 곳에서 본 것은
그저 세 개의 긴 산맥과 숲 하나였다

산맥과 숲 너머는 볼 수 없었다
산맥과 숲이 나를 둘러쌌다

이윽고 화자는 자신이 거하고 있는 세계에 대한 수평적 시선에서, 이를 넘어서고자 하는 초월과 죽음의 수직적 구도로 자신을 이끌고, 이를 통해 자신과 세계의 경계가 무너지는 경험을 한다. 화자는 고통과 죽음, 그리고 부활을 경험하고 이를 통해 일종의 정신적 깨달음에 이른다. 〈부활〉의 서사는 거칠게 네 단계로 구분할 수 있다. 1단계, 도입부는 현실-자연의 경계 인식으로 시작한다. 2단계, 화자는 무한과 충돌하고 이로 인해 초월적 경험을 한다. 무한의 무게에 눌린 화자는 "죽음을 맞이했으나, 죽을 수가 없었다". 3단계, 이제 화자는 새로운 삶을 갈망한다. 4단계, 마지막 부분에서 부활한 화자는 기쁨과 구원의 통찰을 보여 준다. 형식적으로는 (비록 한국어 번역에서 이를 반영할 수는 없었지만) 약강4보격으로 되어 있으며, 두 행씩 짝을 지어 각운을 반복하는 2행 연구를 사용하고 있다. 일관된 음보와 연속운 때문에 이 시가 낭송에 적합한 운율감을 가지고 있다는 것을 알 수 있다. 빈센트 밀레이는 1912년 1월에 〈부활〉을 집필하기 시작해 같은 해 5월에 완성하였으며, 그해 8월 처음으로 대중 앞에서 낭송했다. 이후의 행보는 이제는 전설이 되었다. 이 시에 대한 개인적 선호나 문학적 성취에 관해서는 다양한 의견이 가능하겠지만, 빈센트의 문학적 재능에 대해서는 이견이 없을 것이다.

〈사이〉는 〈부활〉만큼 긴 서사시다. 이 시는 〈부활〉과 유사하게 죽음과 삶 사이에서 고뇌하는 화자를 그린다. 그러나 형식적으로는 〈부활〉과 비교해서 훨씬 자유롭다. 전반적으로 약강5보격이나, 이를 엄수하지는 않는다. 각운 역시 일부 반복되나, 일정한 규칙에 매여 있지는 않다. 또한 이 시는 한 행에서 의미 단위를 끝내기보다는, 문장의 의미를 미완결로 행을 끊고, 다음 행으로 넘어가는 행간 걸침을 적극적으로 사용한다. 덕분에 다양한 의미상의 해석과 반전 효과를 기대할 수 있다. 〈사이〉의 내용은 사랑하는 이의 죽음에 대한 애도다. 화자는 삶과 죽음 사이에 위치해서 사랑하는 이의 죽음을 애도하고자 하나, 결국에는 죽음으로 이어지는 문턱을 넘지 못하고, 삶으로 돌아온다. 아무리 커다란 슬픔이라도, 우리가 "살과 피로" 이루어진 존재라는 사실을 부정하지 못한다는 것을 말하고 있다.

이어지는 〈자살〉의 화자는 삶을 버린 이다. 시집의 수록 순서상 죽은 연인을 그리는 〈사이〉 뒤에 이어지기 때문에, 〈사이〉에서 애도하고 있는 죽은 연인의 이승에서의 이야기를 전개하는 것으로 읽을 수 있다. 형식적으로는 〈사이〉보다는 〈부활〉과 유사하다. 화자는 삶을 저주하면서 자신의 서사를 시작한다. 화자는 더 이상 삶에서 어떠한 희망도 가능성도 찾을 수 없기에 자살을 선택한다. 자살 후, 화자는 아버지의 집(천국, 혹은 피안의 세계)으로 돌아가지만, 여기서 화자가 찾은 것은 만족이나 편안함보다는 고독과 권태다.

처음 세 편의 서사시 이후로는 짧은 서정시가 이어진다. 젊음의 열정, 실연의 아픔, 죽음과 사랑 같은 주제를 다룬 작품들이 주를 이룬다. 〈삶의 재(Ashes of Life)〉, 〈수의(The Shroud)〉와 〈무관심(Indifference)〉과 같은 시들은 서정시인으로서의 빈센트의 면모를 잘 보여 준다. 〈삶의 재〉에서 화자는 사랑이 떠난 후 자신의 삶이 공허해졌다고 고백한다. 그에게 사랑 이후의 삶은 목적도 열정도 없이 흘러간다.

사랑이 떠나고 나니, 무엇을 할지 알 수 없다
　이도 저도 네가 무엇을 하든 내게는 모두 같다
하지만 나는 시작한 모든 일들을 중간에 그만두지,
　내게는 무슨 일이든 별 쓸모가 없다

이처럼 어떤 일에도 마음을 붙이지 못하고 무기력하게 흐르는 삶은, 제목처럼 다 타 버린 "재"로 상징된다. 화자는 또한 "삶은 갉아 대는 쥐처럼 영원히 이어"진다고 말한다. 속절없이 반복되는 일상과 시간은, 젊음의 사랑이나 강렬한 열정과는 선명한 대조를 이룬다.

〈수의〉는 "붉은 드레스"를 중심 이미지로 삼아, 사랑의 자기 파괴성, 혹은 헌신이 가지는 자기 소멸에 대한 욕망을 보여 준다. 화자는 사랑의 열정 속에서 삶을 불태우고, 붉은 드레스를 죽음의 수의로 삼겠다고 말한다.

죽음이여, 보소서, 제 마음이 절합니다
  당신께, 아, 어머니!
이 붉은 드레스는 무엇보다 훌륭한
  수의가 될 겁니다!

이 시는 빈센트가 그리는 열정이 얼마나 격렬하고 파멸적일 수 있는지를 보여 준다. 동시에, 죽음조차 사랑의 연장선으로 받아들이는 화자의 태도는 극단적인 시대를 살고 있는 청춘의 사랑을 보여 준다. 화자에게 삶은 죽음으로 수렴하지만, 그 죽음은 새로운 삶의 가능성을 내포한다.

〈무관심〉에서 화자는 자신을 사랑하지 않는 남자에게 무심한 태도를 선언한다. 화자는 침대에 누워 '그가 와도 나는 베개를 떠나지 않을 것'이라고 말하지만, 결국 창가에서 그를 기다리고 있다. 이 시는 사랑에 대한 자존심과 집착, 거리 두기와 갈망 사이의 복잡한 감정을 섬세하게 그린다. 사랑을 갈망하면서도 스스로를 지키고자 하는 신여성의 정체성이 잘 배어 있다.

서정시 다음에는 빈센트가 가장 사랑했던 시 형식인 소네트가 이어진다. 처음 네 편은 이탈리안 소네트, 뒤의 두 편은 셰익스피어 소네트다. 모두 14행이지만 각운의 사용 방식과 내용 구성에 차이가 있다. 기본적으로 이탈리안 소네트는 앞의 8행(옥타브)과 전반부의 6행(세스텟)으로 내용이 구분되고, 셰익스피어 소네트는 4-4-4-2행의 구조로 내용이 진행된다. 처음 네 편이 8행 1연과 6행 2연으로 나뉘는 것도 이러한 형식적 전통에 따른 것이다.

여섯 편의 소네트 중 마지막 작품에만 제목이 있는데, 이는 프랑스 고전 동화 〈푸른 수염(Bluebeard)〉에서 유래한다. 〈푸른 수염〉은 금지와 욕망의 서사다. 마을의 부유한 귀족인 푸른 수염은 여러 차례 결혼하나, 아내들이 모두 사라진다. 또다시 새 신부를 맞이한 푸른 수염은 자신의 성 안의 모든 곳에 가도 되지만, 단 하나의 방에는 절대 들어가지 말라고 경고한다. 그러나 호기심을 억누를 수 없었던 아내는 비밀의 문을 열고, 그 안에서 과거 아내들의 시체를 발견한다. 지금까지 실종된 아내들이 모두 푸른 수염의 말을 어기고 그 방의 문을 열었다가 살해당했던 것이다. 빈센트의 〈푸른 수염〉은 이와는 전혀 다른 이야기다. 그녀의 시에서 푸른 수염은 더 이상 금기를 강요하는 폭군이 아니라, 혼자만의 공간을 원하는 평범한 인간이다.

내 삶에서 이 방 하나만은 내 것이었지
누구도 나를 완전히 알 수는 없었어
그런데 네가 오늘 밤 이 방의 문턱 너머로
기어 와 나를 이토록 모독하다니,
다시는 네 얼굴을 보지 않을 것이다
이제 이 방은 너의 것, 나는 다른 곳을 찾는다

이 시에서 푸른 수염은 아내에게 상처받고 자기만의 방을 찾아 떠난다. 버지니아 울프(Virginia Woolf)는 1929년 출간한 《자기만의 방(A Room of One's Own)》에서 여성이 소설을 쓰기 위해서는 자기만의 방과 고정된 수입이 필요하다고 말했다. 울프와 동시대인인 빈센트도 동일한 생각을 하고 있었던 것은 아닐까. 실제로 시집이 출간될 무렵 빈센트는 대학 졸업 후 뉴욕에서 자기만의 방과 일정한 수입을 가지기 위해서 고군분투하고 있었다. 그런 점에서 〈푸른 수염〉이 시집의 마지막을 장식하는 것은 의미심장하다. 빈센트는 이 시를 통해 작품은 끝나고, 모두가 다시 현실로 돌아가지만, 창작-작품은 반드시 계속되어야 한다고 말하고 있는 듯하다. 그렇기에 그녀의 푸른 수염은 자기만의 방, 곧 창작을 위한 장소를 찾아 떠나는 것이다.

《부활 그리고 다른 시》는 빈센트 밀레이의 시인으로서의 등장을 알리는 서문이자, 전통적 시 형식이 현대의 감수성과 어떻게 접목될 수 있는지를 보여 주는 전범이다. 빈센트는 동시대 모더니즘 시인들과 달리 평생 전통적인 형식을 고수했다. 이 때문에 비평가들은 그녀가 보수적이라고 평하거나, 전복적인 주제와 고전적 형식이 충돌한다고 지적했다. 그러나 오늘날, 그녀의 전통 형식 고수는 단순한 관습이 아니라, 전통에 대한 전복적 개입으로 재평가되고 있다. 친숙한 형식 안에 새로운 감정의 진폭과 신여성의 자아를 밀어 넣음으로써, 그녀는 통념과 기대의 환상을 교란한다. 그런 점에서 《부활 그리고 다른 시》는 빈센트 문학의 원형이자, 미국 현대 시 문학의 이정표로 길이 남을 것이다.

*

세 번째 빈센트 밀레이 번역이다. 처음과는 많은 것이 달라졌다. 설렘과 흥분은 사라지고, 그 자리를 일상이 차지했다. 빈센트의 《또 다른 사월》을 함께 번역했던 학생들은 모두 졸업을 했다. 하지만 교수는 학교에 남아 여전히 빈센트의 글을 붙잡고 있다. 어쩌면 나는 그녀가 나와 학생들의 관계의 씨가 되기를 희망하는지도 모르겠다. 《엉겅퀴에 열린 무화과》는 연구년 기간 동안 밴쿠버에서 번역했다. 《부활 그리고 다른 시》는 다시 경주다. 대학이 마련해 준 연구실이 무척 고맙게 느껴진다. 원래 계획대로라면 이 책은 2024년에 출간되었어야 했다. 1년을 돌아왔는데, 그만큼 얻은 것이 있을지 걱정이다.

최근 몇 년 사이 인공지능이 놀랍게 발달해서, 학생들과 컴퓨터를 활용해서 번역 공부를 하는 일이 어려워졌다. 과거 파파고와 구글 번역기는 보조적인 기능만을 담당했고, 학생들이 번역 작업을 주도할 수 있었다. 그러나 이제는 인공지능이 번역을 주도하고, 인간이 보조하는 구조로 바뀌고 있다. 나는 이것을 인간의 갑작스러운 전락으로 보지는 않는다. 아무리 인공지능의 번역이 발전할지라도, 누군가는 그 결과물을 감수하고, 누군가는 그 번역에 서명을 해야 한다. 책임이 따르는 작업인 이상, 인간 번역가의 존재는 여전히 중요하다. 하지만 번역에 익숙하지 않은, 혹은 이제 막 번역을 배우는 학생들이 인공지능의 번역을 감수하는 일은 쉽지 않다. 무엇보다, 우리 모두는 종종 인공지능의 압도적인 지식과 능력 앞에 자족하거나 무비판적으로 되기 쉽다. 인공지능을 끊임없이 의심하고, 비판하는 태도가 필요한데, 현실에서는 늘 조금씩 타협하게 된다. "이만하면 괜찮아." 끊임없이 밀려오는 파도 앞에서 모래성을 쌓고 있는 기분이다. 돌이켜 보면 아마도 이런 걱정을 하면서 《부활 그리고 다른 시》를 번역하지 않았나 한다.

유난히 긴 시들이 초입부터 연이어 등장해, 사람을 지치게 했다. 시가 가진 호흡은 끊임없이 이어지는데, 나의 시간은 일상의 단속으로 쪼개져 있으니, 그 간극을 메우기 어려웠다. 그렇게 한 줄, 한 줄 천천히 쌓여, 한 페이지가 되고, 한 권의 책이 되었다. 그것 자체가 기적처럼 느껴진다. 원고를 기다려 준 지식을만드는지식 출판사와 거친 원고를 누구보다 먼저 읽어 준 편집자에게 감사드리고, 기꺼이 원고를 읽어 주신 장인어른께 깊은 존경과 감사의 마음을 보낸다. 다음에는 조금 더 좋은 번역으로, 보다 나은 마음으로 돌아올 수 있기를 진심으로 바란다.

지은이에 대해*

헨리 톨먼 밀레이(Henry Tolman Millay)와 코라 버젤 밀레이(Cora Buzzell Millay)는 1889년에 결혼했다. 빈센트 밀레이가 이들 사이에서 1892년 2월 22일에 태어났다. 이후 1893년에는 둘째 노르마(Norma), 1896년에는 막내 캐슬린(Kathleen)이 태어나 세 자매가 되었다. 아버지 헨리는 준수한 외모를 지녔으나, 도박과 낚시에 몰두하느라 가장으로서의 책임을 소홀히 했다. 반면 어머니 코라는 아마추어 시인이자 피아노 연주가였고, 독서를 즐기며 자기 계발에 열심이었다. 두 사람의 결혼 생활은 오래 지속

* 지은이 소개를 위해 역자가 주로 참고한 도서는 낸시 밀퍼드(Nancy Milford)의 《맹렬한 아름다움(Savage Beauty)》(2001)과 크리스티나 포레이 고두(Krystyna Poray Goddu)의 《빈센트라고 불린 소녀(A Girl Called Vincent)》(2016)다. 에드나 세인트 빈센트 밀레이의 명성에 비해 그녀의 삶은 지금까지 국내에 잘 알려져 있지 않았다. 이 때문에 지은이 소개가 많이 길어졌다. 독자의 작품 이해에 도움이 되었으면 하는 마음이다. 가독성을 위해 각주나 인용은 삼갔다.

되지 않았다. 1900년 봄, 빈센트가 여덟 살이 되던 해에 헨리는 집을 나갔고, 얼마 지나지 않아 두 사람은 이혼했다.

이혼의 주된 원인은 경제적인 문제였다. 더불어 코라는 남편의 존재 자체가 딸들에게 해로운 영향을 끼친다고 판단했다. 당시에 이혼은 흔치 않은 일이었으며, 특히 여성이 주도하는 이혼은 법적으로나, 사회적으로나 모두 어려운 일이었다. 그럼에도 코라는 남편과 결별하고 세 딸을 혼자서 양육하기로 결정했다. 이 선택은 그녀의 진보적인 사고와 강한 책임 의식을 잘 보여 준다. 이후 코라는 생계를 꾸리기 위해 여러 직업을 전전하다, 전문 간병인이 되었다. 헨리는 명목상 부양의 뜻을 표했지만, 실질적인 도움을 제공한 적은 거의 없었다. 다만 그는 비교적 큰 갈등 없이 집을 떠났으며, 이후 간헐적으로 안부 편지를 보내왔다. 그러나 대부분 먼저 편지를 보내는 쪽은 빈센트였다. 아버지 헨리는 약속을 지키지 않았고, 경제적으로도 무능했다.

부모의 이혼과 아버지의 부재는 어린 빈센트에게 크나큰 충격이었다. 그녀는 오랫동안 이 문제에 대해 침묵했다. 이혼 후 빈센트의 가족은 여러 지역을 전전했다. 빈센트의 어머니는 가계를 안정시키기 위해 때때로 먼 도시로 일을 찾아 떠나야 했으며, 그 때문에 며칠씩 집을 비우는 일이 잦았다. 어린 세 자매는 어머니를 향한 그리움을 편지로 달랬고, 빈센트는 동생들을 돌보며 사실상 집안의 가장 역할을 수행하게 되었다. 세 자매는 외양과 기질에서 뚜렷하게 구별됐다. 첫째 빈센트는 붉은 머리칼과 강렬한 성격의 소유자였으며, 감정을 솔직하게 표현했다. 기분이 좋을 때는 환하게 웃다가도, 불쾌할 때는 거침없이 화를 내는 아이였다. 둘째 노르마는 아버지를 닮아 금발이었고, 노래에 재능을 보였다. 막내 캐슬린은 셋 중 가장 아름다웠다. 세 자매는 깊은 우애를 나눴다. 음악과 시, 그리고 자연이 이들에게 언제나 커다란 위안이 되었다. 빈센트가 자란 곳은 뉴욕이나 시카고와 같은 대도시와는 거리가 먼 시골이었다. 그녀는 어릴 적부터 자연 속에서 노니는 것을 즐겼으며, 자연은 그녀에게 무한한 상상력과 창작의 원천이 되었다.

빈센트의 가정은 극심한 가난 속에 놓여 있었다. 그러나 예술은 언제나 그녀 곁에서 위안을 주었다. 그녀는 조숙한 아이였으며, 어머니 코라의 자부심이었다. 세 자매는 어머니에게서 노래와 피아노를 배우고, 시를 낭독하며 글을 익혔다. 빈센트는 셰익스피어의 〈로미오와 줄리엣〉

을 읽고 처음으로 숨이 멎는 듯한 감정을 느꼈으며, 언어의 힘에 매혹됐다. 이 경험은 그녀가 작가의 길을 자신의 운명이라 여기는 계기가 되었다. 코라는 앨프리드 테니슨(Alfred Tennyson), 윌리엄 워즈워스(William Wordsworth), 헨리 워즈워스 롱펠로(Henry Wadsworth Longfellow), 올리버 웬들 홈스(Oliver Wendell Holmes)와 같은 19세기 시인들을 사랑했다. 이들은 빈센트의 시 세계에 많은 영향을 끼쳤다. 또한 코라는 빈센트의 가장 가까운 문학적 조언자이자 평생에 걸친 서신 교환의 상대이기도 했다. 빈센트는 어머니에게 자신이 새로 쓴 시를 보내고, 그 반응을 기다리며 창작 활동의 방향을 모색했다.

1904년, 밀레이 가족은 메인주 캠던(Camden)으로 이사했다. 캠던에는 코라의 이모 클라라 버젤(Clara Buzzell)이 하숙집을 운영하고 있었고, 코라는 이곳에서 음악가 존 터프츠(John Tufts)를 간병했다. 이 인연으로 빈센트는 터프츠에게서 피아노 교습을 받게 되었다. 1906년, 열네 살의 빈센트는 아동 문예지 《세인트 니콜라스(St. Nicholas)》에 시 〈숲의 나무(Forest Trees)〉를 발표하며 첫 작품을 세상에 알렸다. 이듬해에는 〈로맨스의 나라(The Land of Romance)〉로 동일 잡지의 금메달을 수상했다. 지역 신문인《캠던 헤럴드(Camden Herald)》와 뉴욕의《현대 문학(Current Literature)》이 이 시를 소개하면서 그녀의 이름이 널리 알려졌다.

빈센트는 음악과 문학 양쪽에서 비범한 재능을 보였으며, 또래 여학생들에게 인기가 많았다. 그러나 사교적인 성격은 아니어서, 교사나 남학생들과는 종종 갈등을 겪었다. 고등학교 시절 학교에서 연극을 하며 적지 않은 무대 경험을 쌓았다. 시인의 길이 그녀에게 기쁨을 주었다면, 배우로서의 삶은 그녀를 살아 있게 만들었다. 그리고 무엇보다 그녀는 타인의 주목을 받는 일을 즐겼다. 1908년, 빈센트는 지금까지 써 온 61편의 시를 한 권의 노트북에 모아 어머니에게 선물했다. 이 자작 시집의 제목은《빈센트 밀레이 시선(Poetical Works of Vincent Millay)》이었다. 빅토리아풍의 시와 대중적인 발라드가 주를 이루었다.

고등학교 졸업 후 빈센트는 예술가가 되기를 희망했지만, 현실은 녹록지 않았다. 빈센트는 생계를 위해 취직하거나 또래 남성들과 교제하지도 않았다. 그녀의 세계는 이미 문학과 예술로 채워져 있었고, 그것이 그녀의 유일한 위안이자 버팀목이었다. 1912년 봄, 코라는 뉴욕의 출판인 미첼 케널리(Mitchell Kennerley)가 주관하는 시 문학 공모전 소식을 접하게 된다. 케널리는 접수된 응모작 중 세 작품을 선정해서 1000달러의 상금을 수여하고, 여기에 100편의 시를 추가로 선별하여 《서정시의 해(The Lyric Year)》라는 시집을 출판할 계획이었다. 빈센트는 5월, 〈부활〉을 포함한 네 편의 시를 이 공모전에 출품했다. 같은 해 여름, 빈센트의 동생 노르마는 캠던의 유서 깊은 화이트홀 호텔에서 근무하고 있었다. 전통적으로 여름 시즌이 마무리될 무렵 화이트홀 호텔의 직원들은 손님들을 위한 파티를 준비했는데, 빈센트는 노르마의 권유로 이 행사에 출연하여 피아노를 연주하고 노래를 불렀다. 그녀가 시를 쓴다는 사실을 알게 된 일부 손님들이 공연 후 시 낭송을 청했고, 빈센트는 피아노에 앉은 채 40여 명의 관객 앞에서 자신의 시 〈부활〉을 낭송했다. 깊고 울림 있는 목소리가 청중을 사로잡았다. 이 왜소한 체구의 붉은 머리 소녀가 낭송하는 시에 사람들은 뜨겁게 반응했다. 관객 중에는 뉴욕 YWCA 교육학교의 학장 캐럴라인 다우(Caroline Dow)와 같은 유력 인사도 포함되어 있었다. 다우는 빈센트의 재능에 감명받아 그녀의 후원자가 되었고, 그녀 덕분에 빈센트는 대학 진학의 기회를 얻게 되었다.

빈센트는 미첼 케널리가 주관한 시 문학 공모전에 거는 기대가 컸다. 《서정시의 해》의 편집자 퍼디낸드 얼(Ferdinand Earle)이 〈부활〉을 읽고 감동하여 직접 편지를 보내왔기 때문이다. 그러나 심사위원들의 평가는 달랐다. 캐럴라인 다우는 빈센트가 수상하지 못한 것이 다행이라 여겼다. 그녀는 젊은 예술가에게 지나치게 빠른 성공은 해가 될 수 있다고 보았다. 불행인지 다행인지는 알 수 없으나, 빈센트는 수상하지 않아서 더 사람들의 주목을 받았다. 《시카고 포스트(Chicago Post)》, 《뉴욕 타임스 북 리뷰(The New York Times Book Review)》, 《세인트루이스 미러(St. Louis Mirror)》 등 유력 언론이 〈부활〉을 호평했고, 《서정시의 해》의 수상작 선정을 비판하는 여론도 일었다. 결과적으로 빈센트는 상을 받지 못한 덕분에 더 많은 주목을 받았다. 1912년 겨울, 스무 살의 그녀는 뉴욕 문학계의 주목을 받는 인물이 되었다. 이는 오직 그녀의 문학적 재능에 기반한 성취였다.

〈부활〉은 또한 빈센트가 해럴드 위터 비너(Harold Witter Bynner)와 아서 데이비슨 피케(Arthur Davison Ficke)를 알게 되는 계기가 되었다. 두 사람 모두 《서정시의 해》에 작품을 게재한 시인이었다. 피케는 이미 네 권의 시집을 출간한 시인이자 변호사였다. 비너 또한 두 권의 시집을 출간한 바 있다. 둘 다 빈센트와 달리 경제적으로 풍족한 환경에서 자란 인물들이었다. 세 사람은 특별한 우정과 애정을 나누었으며, 특히 피케는 생애 끝까지 빈센트와 긴밀한 관계를 유지했다.

이 무렵 스미스 칼리지(Smith College)와 바사 칼리지(Vassar College)가 빈센트에게 입학을 제안했다. 등록금과 생활비를 모두 지원하는 조건이었다. 빈센트는 바사를 선택했다. 1913년 2월 3일, 캐럴라인 다우는 빈센트에게 전보를 보냈고, 바사 입학에 필요한 선수과목 이수를 위해 그녀를 맨해튼의 바너드 칼리지(Barnard College)에 임시로 한 학기 입학시켰다. 스미스, 바사, 바너드는 모두 미국 여자대학교 아이비리그인 '세븐 시스터즈(Seven Sisters)'에 속하는 명문 대학이다. 〈부활〉 한 편이 이 모든 문을 그녀 앞에 열어 준 것이다.

1913년 2월, 빈센트는 뉴욕으로 와, 바너드에서 영어, 프랑스어, 라틴어를 공부하기 시작했다. 그러나 학업만이 그녀의 관심사는 아니었다. 그녀는 카네기홀과 브로드웨이의 공연을 관람하고, 지하철을 타고 맨해튼 곳곳을 탐험했으며, 쇼핑도 즐겼다. 동시에 그녀는 뉴욕 문인들과의 교류도 활발히 이어 갔다. 〈부활〉로 주목받자 출판사 관계자들과 시인들이 그녀를 만나고자 했고, 특히 이 시기에 사라 티즈데일(Sarah Teasdale)과 친교를 나누었다.

뉴욕 체류 기간 동안 빈센트는 〈여정(Journey)〉과 〈신의 세계(God's World)〉를 발표했다. 이 시들은 잡지 《포럼(Forum)》에 실렸고, 빈센트는 원고료로 25달러를 받았다. 오늘날의 화폐 가치로는 대략 400~450달러 정도 되는 금액이다. 1913년부터 1916년까지 《포럼》지는 그녀의 시를 항상 가장 먼저 소개했다. 같은 해 5월, 미첼 케널리의 초청으로 빈센트는 머매러넥(Mamaroneck)의 케널리 자택을 방문하였고, 그곳에서 《뉴욕 이브닝 포스트(New York Evening Post)》의 편집인 아서 훌리(Arthur Hooley)를 만났다. 훌리는 빈센트보다 17세 연상의 유부남이었으나, 두 사람은 연인 관계로 발전했다. 비록 이 사랑은 오래 지속되지 않았으나, 둘의 관계는 그 후에도 이어졌다. 뉴욕에서의 생활은 매혹적이었으나, 빈센트에게는 부담스러운 측면도 있었다. 특히 대학은 기대만큼 즐겁지 않았다. 그녀는 대학 진학이 옳은 선택이었는지 회의하며, 자신이 대학을 다니기에는 너무 늙었다고도 여겼다. 또한 도시의 공연, 전시, 파티는 그녀를 유혹했고, 그녀는 이러한 행사들을 사랑했다. 사랑에 빠지는 일도 잦았다. 상대가 기혼이든, 동성이든, 직업적으로 밀접한 관계든, 빈센트는 개의치 않았다.

1913년 봄, 케널리는 빈센트의 첫 시집 출간을 제안했으나, 〈부활〉을 제외하고는 출간할 만한 시가 부족했다. 6월, 바너드에서 학기가 종료된 후 그녀는 캠던으로 돌아갔다. 바너드에서 학업 성적은 뛰어나지 않았고, 그녀는 많은 걱정을 안고 있었다. 9월 22일, 바사 대학의 신학기가 시작되었고, 빈센트는 정식으로 입학했다. 바사에 입학했을 당시 빈센트는 동급생들보다 네 살 연상이었고, 이미 뉴욕 문단에서 이름을 알린 시인이었기에 교수진과 학생들 모두의 주목을 받았다. 동급생들은 그녀의 호감을 얻기 위해 경쟁했다. 빈센트의 자유롭고 독립적인 성격은 바사의 엄격한 규율과 종종 충돌했다. 그녀가 기대했던 대학은 세련된 자유의 공간이었으나, 현실은 규칙이 엄격한 기숙학교에 가까웠다. 또한 과중한 학업과 다양한 활동 때문에 시를 쓸 여유조차 없다고 느꼈다. 빈센트는 자주 수업을 빠졌고 규칙을 어기기도 했으나, 교수들과 동료들과의 관계를 능숙하게 조율하며 종종 처벌을 피했다. 상이한 경제적 배경을 가진 동급생들과의 교류는 그녀의 시야를 넓혀 주었지만, 그 과정에서 가족과의 편지는 점점 뜸해졌고, 가족들은 소외감을 느꼈다.

바사 시절 빈센트는 시보다는 연극 활동에 더 많은 열정을 보였으며, 시인이 겪게 될 궁핍한 삶을 예감하며 연기를 직업으로 삼는 방안을 진지하게 고민했다. 졸업 전까지 일곱 편의 연극에 출연했고, 큰 찬사를 받았다. 또한 그녀는 여성 참정권과 같은 사회 문제에도 관심을 가지게 되었고, 1915년에는 유명한 참정권 운동가 이네즈 밀홀랜드(Inez Milholland)의 강연을 듣기도 했다. 그러나 당시 그녀의 사회적 관심은 작품 세계에 직접적인 영향을 주지는 않았다. 졸업을 앞두고 빈센트는 다시 규정을 위반해 무기정학 처분을 받아 졸업식에 참석하지 못할 위기에 처했다. 동급생 절반 이상이 탄원서에 서명하고 코라와 여러 인사들이 학장과 총장에게 구제 요청 서신을 보내서, 빈센트는 다시 한번 관대한 조치를 받아 대학 생활을 마무리할 수 있었다.

1917년 가을 빈센트는 바사를 졸업하고 뉴욕에서 새로운 삶을 시작했다. 같은 해 겨울, 그녀의 첫 시집인 《부활 그리고 다른 시》가 출간되었다. 이 시집에 수록된 시들은 대부분 바사 대학교 재학 시절에 쓰인 것이며, 슬픔, 애도,

죽음과 같은 주제를 주로 다루고 있다. 사랑하는 이의 죽음에서 비롯된 슬픔과 애도는 이후 그녀의 시 세계에서 반복적으로 등장하는 주요한 주제가 되었다. 《부활 그리고 다른 시》의 출간은 문학적으로는 의미 있는 성취였으나, 경제적으로는 큰 변화를 가져오지 못했다. 미첼 케널리는 선지급금으로 500달러를 약속했으나, 실제로는 25달러만 지급했다. 그는 인세는 제대로 정산하지도 않은 채, 지속적으로 새로운 원고를 요구했다. 당시 케널리는 뉴욕의 영향력 있는 출판인이었다. 이제는 전설이 된 알프레드 A. 크노프(Alfred A. Knopf)도 출판사를 시작하기 전, 그의 밑에서 일한 바 있다. 당시 뉴욕에는 호튼 미플린(Houghton Mifflin), 스크리브너(Scribner's), 하퍼(Harper) 등 명망 높은 출판사들이 있었다. 케널리는 이들 사이에서 오스카 와일드(Oscar Wilde), 월트 휘트먼(Walt Whitman), D. H. 로런스(D. H. Lawrence)와 같은 문제적 작가들을 발굴하고 도발적인 기획을 선보이는 것으로 유명했다. 그는 뛰어난 편집자로 평가되었으나, 사생활이 복잡하고 사업 운영에서도 비윤리적인 면모를 보였다. 이러한 이유로 캐럴라인 다우는 빈센트가 첫 시집을 케널리에게 맡기는 것에 반대했으나, 빈센트는 후견인의 충고를 무시하고 케널리와 출판 계약을 체결했다.

시집의 출간을 기념하여, 빈센트의 후원자들은 낭송회를 주선했다. 첫 낭송회는 부유한 후원자인 블랑시 후커(Blanche Hooker) 부인의 그리니치 저택에서 열렸다. 이 자리에서 빈센트는 우연히 후커 부인의 길게 늘어지는 드레스를 착용했는데, 이 복장은 이후 그녀의 상징적 이미지로 자리 잡는다. 이 첫 낭송회에서 그녀는 50달러를 받았다. 빈센트는 가난했지만, 부유한 후원자들로부터 생활에 필요한 지원을 받으며 지낼 수 있었다. 그러나 이러한 후원이 영원할 수는 없었다.

당시 빈센트는 생계를 위해 다양한 잡지에 투고했으나, 겨우 한 편의 소네트만을 판매했다. 빈센트는 연기로 생계를 유지할 생각도 있었기에, 그리니치빌리지에 거처를 마련하고 동생들을 불러들였다. 당시 그리니치빌리지는 집세와 물가가 저렴하여 예술가들과 학생들이 모여 사는 지역이었다. 빈센트는 실험 연극 집단인 프로빈스타운 플레이어스(Provincetown Players)에 지원했다. 이 집단은 유진 오닐(Eugene O'Neill), 수전 글래스펠(Susan Glaspell)을 비롯해 월리스 스티븐스(Wallace Stevens), 윌리엄 카를로스 윌리엄스(William Carlos Williams), 셔

우드 앤더슨(Sherwood Anderson) 등 후일 미국 문학사에 길이 남는 작가들이 활동한 예술 집단 공동체였다.

1917년 겨울, 빈센트는 이 극단에서 플로이드 델(Floyd Dell)을 알게 되었다. 당시 델은 막스 이스트만(Max Eastman)과 함께 급진적 사회주의 잡지 《더 매스(The Masses)》를 편집하고 있었다. 델을 통해 빈센트는 존 리드(John Reed), 막스 이스트만 등을 알게 되었고, 1918년에는 델과 연인 관계로 발전했다. 델은 빈센트에게 청혼했으나, 그녀는 이를 위트 있게 거절했다. 이들의 관계는 델의 회고록 《너무 밝은 피(Blood Too Bright)》에 자세히 기록되어 있다.

1918년 2월 7일, 빈센트는 아서 데이비슨 피케와 처음 대면했다. 두 사람은 《서정시의 해》 이후 편지로 교류해 왔는데, 피케가 유럽 참전 전에 뉴욕을 방문할 기회가 생겨서, 드디어 처음으로 직접 만나게 된 것이다. 피케는 기혼자였으며, 빈센트에게도 델이 있었으나, 두 사람은 곧 연인 사이로 발전했다. 이후 피케가 유럽으로 떠난 뒤에도 둘은 연애시를 주고받으며 관계를 지속했다.

1918년 4월 15일에는 간첩법 위반 혐의로 델, 이스트만, 리드 등이 재판에 회부되었고, 빈센트는 친구들을 지지하기 위해 법정에 출두했다. 같은 해 여름, 어머니 코라가 뉴욕에 도착했다. 1918년은 빈센트에게 중요한 전환점이 된 해였다. 〈첫 번째 무화과(First Fig)〉, 〈두 번째 무화과(Second Fig)〉, 그리고 〈목요일(Thursday)〉 등이 해리엇 먼로(Harriet Monroe)의 잡지 《시(Poetry)》에 실리게 되었다. 이 중 〈첫 번째 무화과〉는 대중의 큰 호응을 얻으며 빈센트를 신여성의 아이콘으로 자리매김하게 했다. 이제 그녀를 알고서 그녀를 흠모하지 않는 사람이 드물었다.

이 시기 빈센트는 잡지 《에인슬리(Ainslee's)》의 편집자인 아돌프 로버츠(W. Adolphe Roberts)와 교류했다. 로버츠는 빈센트의 열렬한 지지자였으며, 1918년 11월부터 1920년 10월까지 그녀의 시를 다수 게재했다. 경제적으로 어려웠던 빈센트는 낸시 보이드(Nancy Boyd)라는 필명으로 단편소설과 중편소설을 《에인슬리》에 발표했다. 이 필명은 그녀의 증조모의 결혼 전 성에서 따온 것이다. 빈센트의 소설은 문학적으로 큰 평가를 받지는 못했으나, 안정적인 수입원이 되었다. 단편소설은 75달러, 중편소설은 400달러의 원고료를 받았다.

1918년부터 1920년은 빈센트가 가장 활발히 창작한 시

기다. 그 결과 빈센트는 《엉겅퀴에 열린 무화과(A Few Figs from Thistles)》(1920), 《또 다른 사월(Second April)》(1921), 《하프 짜는 여자의 노래(The Ballad of the Harp-Weaver)》(1922)를 연이어 발표하며 문학적, 상업적으로 큰 성공을 거두었다. 《또 다른 사월》에 수록된 대부분의 작품은 1918년에서 1920년 사이에 쓰였으며, 제목이 암시하듯, 실제로는 그녀의 두 번째 시집이었다. 그러나 출판을 맡은 미첼 케널리가 출간을 지속적으로 미루면서 《엉겅퀴에 열린 무화과》가 먼저 출간되었고, 《또 다른 사월》은 세 번째 시집이 되었다. 케널리의 지연에 실망한 빈센트는 맥밀란 출판사와 출간을 논의했으나, 해당 출판사는 작품들이 지나치게 어둡다는 이유로 출간을 거부했다.

1920년에는 빈센트의 단막극 〈아리아 다 카포(Aria Da Capo)〉가 초연되었으며, 큰 호응을 얻었다. 이 작품은 1966년 한국어로 번역되어, 대학가를 중심으로 공연되기도 했다. 1920년 봄, 에드먼드 윌슨(Edmund Wilson)은 빈센트를 처음으로 만났다. 그는 오랜 시간 빈센트와 그녀의 시에 깊은 관심을 가져 왔다. 그의 사촌 캐럴린 크로스비 윌슨(Carolyn Crosby Wilson)은 빈센트와 바사 대학교에서 동급생이었고, 윌슨은 이 사촌을 통해 빈센트의 시를 처음 접하게 되었다. 당시 그는 《배너티 페어(Vanity Fair)》의 젊은 편집자였으며, 이후 자신의 잡지에 빈센트의 시를 적극적으로 소개했다. 윌슨은 빈센트와 사랑에 빠졌고, 앞서 《에인슬리》의 편집자 아돌프 로버츠가 빈센트에게 구애한 것처럼 그녀에게 접근했다. 윌슨과 함께 근무하던 동료 시인 존 필 비숍(John Peale Bishop) 역시 빈센트에게 연정을 품었으나, 빈센트는 두 사람의 감정을 끝내 받아들이지 않았다. 동일한 여인을 동시에 사랑했다고 해서 윌슨과 비숍의 우정이 훼손되지는 않았다. 빈센트는 다수의 남성과 동시에 친밀한 관계를 유지했다. 훗날 윌슨은 빈센트에게 진정으로 중요한 것은 남성도, 사랑도 아닌, 시 그 자체였다고 회고했다. 윌슨 이후에도 빈센트는 여러 남성과 사랑을 했으며, 윌슨의 말에 따르면 그녀의 모든 연애는 결국 시를 위한 것이었다.

1920년, 빈센트는 처음으로 미국 동부를 벗어나 오하이오주 신시내티에서 낭송회를 열었다. 그녀는 뛰어난 낭송가이자 연기자였고, 대중은 그녀의 시뿐 아니라 그녀의 모습을 직접 보기 위해 낭송회를 찾았다. 빈센트는 자유연애주의자로 널리 알려져 있었고, 대중은 그녀의 시가 실제 연애 경험을 바탕으로 한 것이라고 믿었다. 이러한 인식은 그녀의 낭송회를 더욱 인기 있게 만들었다. 이제 그녀는 더 나은 조건으로 출판 계약을 할 수 있는 저자가 되었다. 그녀는 28세의 나이에 성공한 작가이자 뉴욕의 저명인사가 되었다. 여기서 그녀는 또 한 번의 도약을 앞두고 있었다.

1921년 1월 4일, 빈센트는 《배너티 페어》의 유럽 특파원이 되어 뉴욕을 떠나 파리로 향했다. 이 잡지의 편집자 프랭크 크라우니실드(Frank Crowninshield)는 빈센트가 가명인 낸시 보이드 대신 본인의 이름으로 글을 기고해 줄 것을 요청했다. 당시 기획은 현대 여성들의 관심사에 부합하는 주제를 다룬 연재 기사였으며, 훗날 단행본으로 출간될 가능성도 염두에 둔 프로젝트였다. 그러나 빈센트는 끝내 가명을 고수했다. 파리에서도 뉴욕에서의 삶은 계속되었다. 카페, 파티, 춤, 술, 그리고 많은 연인들이 그녀의 생활 속에 있었다. 이 시기 그녀는 영국 기자 조지 슬로콤(George Slocombe)과 사랑에 빠지지만, 그에게는 아내와 세 자녀가 있었다. 에드먼드 윌슨에 따르면, 빈센트는 슬로콤이 이혼하면 그를 따라 영국으로 갈 의향이 있었다고 한다. 그러나 슬로콤은 가정으로 돌아갔고, 빈센트는 그리핀 베리(Griffin Barry)와 함께 이탈리아로 여행을 떠났다. 빈센트는 로마에는 일주일도 머무르지 않았으며, 존 카터(John Carter)의 도움을 받아 알바니아로 여행을 떠났다. 이후 다시 로마로 돌아와 베리와 함께 빈으로 떠났다. 그녀가 유럽을 여행하는 동안, 아서 피케로부터 해럴드 위터 비너가 곧 청혼할 것이라는 소식을 들었다. 이에 빈센트는 비너와의 결혼을 결심하고 편지를 보냈으나, 비너의 청혼 편지는 도착하지 않았다. 이러한 결말이 비너의 동성애적 성향 때문이었는지, 피케와 빈센트 사이의 관계 때문이었는지는 알 수 없다. 1922년 봄, 빈센트는 파리에서 막스 이스트만과 재회했다. 뉴욕에서 재판을 통해 얼굴을 익힌 사이였지만, 당시에는 가까운 관계가 아니었다. 파리에서는 짧은 연애가 이루어졌다.

빈센트는 어머니를 파리로 초청하기 위해 500달러의 소설 계약을 체결했다. 작품의 가제는 《하디것(Hardigut)》이었다. 평소 마감 약속을 철저히 지키던 빈센트였으나, 소설은 그녀의 전문 영역이 아니었다. 제목만 있는 소설 작업은 끊임없이 연기되었고, 소설은 끝내 완성되지 못했다. 빈센트는 이 이후로 다시는 소설 창작을 시도하지 않았다. 어머니 코라가 파리에 도착한 후, 밀레이 모녀는 당대의 작가, 화가, 예술가들과 교류했다. 코라 역시 파리 생활을 즐겼다. 1922년 여름, 빈센트는 거의 결혼을 할 뻔했다. 빈센트가 미국 대사관에서 받은 공증 서류가 이를 뒷받침한다. 당시 빈센트와 가까웠던 마고 슐러(Margot Schuyler)는 이 남성이 도비니(Daubigny)라는 이름의 프랑스인이었다고 증언하며, 주변 인물 누구도 그를 좋아하지 않았다고 한다. 코라는 도비니를 사기꾼이라고 비난했다. 1922년 7월 3일, 코라는 빈센트와 함께 파리를 떠나 영국으로 향했고, 도비니는 파리에 남았다. 이 무렵 빈센트는 임신을 하게 된다.

이후 빈센트는 런던을 거쳐 도싯(Dorset)주의 실링스톤(Shillingstone)으로 이동했다. 테스 루트(Tess Root)와 드와이트 타운젠드(Dwight Townsend)의 도움으로 거처를 마련했고, 어머니의 보살핌 속에 유산했다. 건강은 악화되었고, 경제적으로도 여의치 않았다. 그녀가 유럽에 머무는 동안, 동생들은 모두 결혼했고, 과거의 연인들 또한 각자의 삶을 찾아갔다. 반면 빈센트는 불완전한 연애를 반복했다. 그녀 역시 자신의 사생활에 문제가 있다는 사실을 인식하고 있었다. 실링스톤에서 런던으로, 다시 프랑스로 이동한 후, 남프랑스의 작은 도시 카시스(Cassis)에서 겨울을 보냈다. 빈센트는 엄마와 함께 1923년 1월 17일 미국으로 돌아왔다. 귀국 당시 그녀의 건강은 극도로 악화되어 대서양을 횡단하는 동안 거의 누운 채로 지내야 했다. 글을 쓸 수 있는 상태가 아니었지만, 그녀의 명성은 더욱 높아졌다. 빈센트의 부재중에 출간된 시집《또 다른 사월》이 좋은 평가를 받고 있었고, 이보다 더 큰 성공이 그녀를 기다리고 있었다.

2년간의 해외 체류를 마치고 지친 몸으로 돌아왔지만, 빈센트는 유명 인사였다. 귀국 후 얼마 지나지 않아, 영 보스웰(Young Boswell)이라는 기자와의 인터뷰에서 "젊은 세대는 그들만의 나라를 만든다"라는 말을 남겼다. 유럽에서의 시간은 결코 헛되지 않았다. 이 시기에 완성된 시가 바로 〈하프 짜는 여자의 노래〉다. 그녀의 어머니를 기리기 위한 이 작품은 동생들에게도 큰 감동을 주었다. 〈부활〉 이후 〈하프 짜는 여자의 노래〉는 빈센트의 대표작으로 평가받게 된다. 또한 파리 체류 중 모교 바사 대학교를 위한 연극도 집필했는데, 이 작품이 바로 그녀의 두 번째 희곡 〈램프와 종(The Lamp and the Bell)〉이다. 이 희곡은 바사 대학교 50주년을 기념하여 기획된 작품으로, 5막 구성에 주요 등장인물만 마흔여덟 명에 달한다. 빈센트의 첫 번째 전기 작가 엘리자베스 앳킨스(Elizabeth Atkins)

에 따르면, 이 작품은 빈센트의 대학 시절을 반영하고 있다.

1923년 4월, 도리스 스티븐스(Doris Stevens)의 초청으로 참석한 모임에서, 빈센트는 유진 보스베인(Eugene Boissevain)을 만난다. 유진은 빈센트보다 12세 연상이었으나, 두 사람은 곧 사랑에 빠졌다. 유진은 네덜란드 명문가 출신으로, 할아버지는 동인도제도와 유럽을 잇는 무역선단을 운영했고, 아버지는 네덜란드 유력 일간지 《알헤멘 한델스블라트(Algemeen Handelsblad)》의 발행인이자 편집인이었다. 유진은 학문이나 사업보다는 여행과 탐험을 즐겼다. 1913년 그는 영국으로 향하는 선상에서 여성 참정권 운동가 이네즈 밀홀랜드를 만나 결혼하고, 미국에 정착했다. 그러나 이네즈는 이른 시기에 사망했고, 이후 유진은 자바에서 커피 및 설탕을 수입하는 사업을 시작하여 1920년대 초반, 미국에서 큰 부를 이루었다.

1923년, 빈센트는 퓰리처상을 수상했다. 상금은 1000달러로, 당시로서는 상당한 금액이었다. 빈센트와 그녀의 가족은 늘 경제적으로 어려웠다. 그녀는 상금을 가지고 가족의 빚을 갚았다. 1923년 5월 30일 어머니에게 보낸 편지에서 유진과의 결혼 계획을 밝혔다. 유진은 빈센트를 헌신적으로 보살폈고, 모든 병원비를 부담했다. 빈센트는 그의 집에서 생활하기 시작했고, 두 사람은 1923년 7월 18일 결혼했다. 유진은 사업가라기보다는 자상한 보호자와 같은 인물이었다. 그는 결혼 직후 자신의 사업을 정리했다. 언론은 부유한 사업가와 유명한 여성 시인의 결혼 소식을 널리 보도했다. 유진이 빈센트에게 선사한 고가의 선물과 두 사람의 화려한 소비 생활은 그가 상당한 재산을 보유하고 있었음을 시사한다. 늘 경제적으로 궁핍했던 빈센트는 이제 더 이상 돈 걱정을 하지 않아도 될 것처럼 보였다. 그러나 대공황과 제2차 세계대전을 거치며 유진은 대부분의 자산을 상실했고, 이후 생계를 책임진 것은 결국 빈센트였다. 미국 자본주의 사회의 거친 개인주의를 대변한 시인 로버트 프로스트(Robert Frost)는 1925년 미시간 대학교의 상주 작가가 되어 생애 내내 안정된 생활을 누린 반면, 서정시인이었던 빈센트는 다수의 명예박사 학위를 받았음에도 불구하고, 생애 내내 글쓰기로 삶을 꾸려 나가기 위해서 끊임없이 애써야 했다. 대조적이고 아이러니한 운명이다

1923년 가을, 유진 보스베인은 그리니치빌리지에 위치한 3층짜리 벽돌 주택을 임대했다. 이는 두 사람의 새로운

보금자리가 되었다. 같은 해 겨울, 빈센트는 네 번째 시집 《하프 짜는 여자의 노래》를 출간했다. 퓰리처상 수상 직후의 출간이었기에, 시집은 높은 판매고를 기록하며 큰 성공을 거두었다. 그러나 이보다 더 중요한 사건은 이듬해에 이어진 전국 순회 낭송회였다. 1924년 첫 번째 시 낭송 투어는 약 6주간 지속되었으며, 빈센트는 혼자서 기차를 타고 워싱턴 D. C, 루이빌, 스프링필드, 피츠버그, 시카고 등 20여 개 이상의 도시를 순회하며 30회 이상의 낭송회를 개최했다. 이 투어는 대단한 호응을 얻었고, 언론은 그녀를 '미국의 포잇 걸(poet-girl)'이라 칭했다. 사람들은 그녀를 열광적으로 환영했으며, 언론은 그녀의 외모와 목소리에 관해 상세히 보도했다. 시인 루이스 언터마이어(Louis Untermeyer)는 미국에서 그 누구도 빈센트와 같은 목소리를 지닌 이가 없다고 극찬했다. 특히 여성 독자들 사이에서 그녀의 목소리는 강한 매력을 발휘했다.

뉴욕에서 약 2주간의 휴식을 가진 뒤, 빈센트는 남편 유진과 함께 두 번째 투어에 나섰다. 이번 여정에서는 오마하, 밀워키, 샌프란시스코 등을 방문했다. 각지에서 그녀를 보기 위해 수많은 이들이 공연장을 찾았다. 사랑과 성은 빈센트 시의 핵심 주제 중 하나였으며, 독자들은 그녀의 시를 그녀의 실제 연애 이야기로 해석하곤 했다. 이러한 독해는 명백히 오류임에도 불구하고, 대중의 관심은 쉽게 사그라들지 않았다. 밀워키에서 빈센트는 대학 시절 친한 친구였던 도로시 콜먼(Dorothy Coleman)의 부모를 만났다. 도로시는 1918년 유행성 인플루엔자로 사망했으며, 그녀를 기리는 시들이 《또 다른 사월》에 수록되어 있다. 이 순회공연은 경제적으로도 의미 있는 성과를 거두었다. 빈센트는 부유층의 저택에서 열리는 비공개 낭송회도 감수했는데, 부자들의 지나친 관심은 싫었지만, 그녀는 더 많은 수입이 필요했다.

1924년 4월, 빈센트와 유진은 신혼여행을 겸한 세계 일주를 떠났다. 이들은 샌프란시스코를 경유하여 하와이를 거쳐 일본에 도착했고, 이후 중국, 홍콩, 싱가포르, 자바, 인도를 거쳐 유럽으로 이동했다. 마지막으로 마르세유, 파리, 네덜란드를 방문한 후 뉴욕으로 귀환했다. 일본에서는 요코하마에 도착한 후 도쿄로 이동했으며, 도쿄에서 닛코까지는 기차로, 닛코에서 후지산까지는 도보로 이동해 후지산 순례를 체험했다. 중국에서는 상하이에서 베이징으로 이동하여 자금성을 돌아보았다. 당시 마지막 황제였던 푸이(溥儀)에 대한 언급을 일기에 남기기도 했다. 크리스마스 무렵, 빈센트와 유진은 네덜란드를 방문하여 유진의 가족을 처음이자 마지막으로 만났다. 유진의 집안은 작가와 예술가가 즐비한 부유한 대가족이었으며, 그들이 보기에 빈센트는 특별히 인상적이지 않았다.

1925년, 신혼여행을 마친 빈센트 부부는 미국으로 돌아와, 같은 해 5월 21일, 뉴욕주 시골 마을 오스터리츠(Austerlitz)에 위치한 블루베리 농장을 구입하고, 이곳에서 새로운 생활을 시작했다. 가을부터는 코라가 합류하여 함께 거주하며 빈센트를 돌보았다. 이 시기 빈센트는 원인을 알 수 없는 두통과 편도선 문제, 그리고 안구 통증 등에 시달렸다. 부부는 숲과 산으로 둘러싸인 농장을 새로운 보금자리로 삼았고, 빈센트가 창작에 전념할 수 있도록 유진은 각별한 배려를 아끼지 않았다. 이들은 이곳에 '스티플탑(Steepletop)'이라는 이름을 붙였다. 스티플탑에서의 생활은 외부와 단절된, 오직 두 사람만의 세계였다. 빈센트는 건강상의 문제로 외부 활동을 자제했으며, 유진은 아내를 과도한 세간의 관심으로부터 보호하고자 했다. 이로 인해 두 사람의 삶은 소수의 지인들과만 공유되었다.

빈센트의 명성은 계속해서 높아만 갔다. 1925년 5월, 그녀는 터프츠 대학교로부터 명예박사 학위를 받았다. 이는 그녀가 일생 동안 받은 총 다섯 개의 명예박사 학위 중 첫 번째였다. 이 무렵, 그녀의 친구이자 작곡가인 딤스 테일러(Deems Taylor)가 메트로폴리탄 오페라 공연을 위한 리브레토 집필을 의뢰했다. 오페라는 빈센트에게 큰 기쁨이자 새로운 도전이었다. 1925년 봄부터 1926년 말까지 그녀는 이 작업에 매진했으나, 작업 과정은 순탄치 않았다. 하루 집필 후 며칠씩 휴식을 취해야 할 정도로 건강이 좋지 않았다. 또한 그녀는 신경 쇠약 증상에도 시달렸다. 우여곡절 끝에 딤스 테일러와 빈센트의 오페라 〈왕의 남자(The King's Henchman)〉가 완성되었다.

1927년은 빈센트와 그녀의 가족에게 여러 면에서 중요한 해였다. 먼저, 〈왕의 남자〉가 2월 17일 메트로폴리탄 오페라 하우스에서 초연되었고, 극찬을 받았다. 〈왕의 남자〉는 영어로 된 오페라가 대중성과 예술성을 동시에 충족할 수 있다는 가능성을 보여 준 대표적 사례로 남게 된다. 이후 이와 유사한 성취를 거둔 미국 오페라는 많지 않다. 한편, 빈센트의 두 여동생도 각자의 분야에서 의미 있는 성취를 이루었다. 노르마는 새롭게 창단된 오페라 단체에서 모차르트의 〈가짜 여정원사(La Finta Giardiniera)〉에서 주연을 맡았으며, 막내 캐슬린은 소설 《여행자(The

Wayfarer)》를 출간했고, 첫 시집 《상록수(The Evergreen Tree)》 또한 출간을 앞두고 있었다. 세 자매 모두 각자의 방식으로 성공을 거두었다.

1927년에는 또 하나의 중대한 사건이 있었다. 바로 이탈리아계 이민자인 니콜라 사코(Nicola Sacco)와 바르톨로메오 반제티(Bartolomeo Vanzetti)의 사법 살인 사건이다. 두 사람은 제1차 세계대전 중 병역을 거부한 무정부주의자였는데, 1920년 강도 살인 혐의로 기소되었다. 빈센트는 이 사건에 분노하여 시 〈매사추세츠에서 정의가 사라졌다(Justice Denied in Massachusetts)〉를 발표했다. 사형 집행이 임박하자, 그녀는 보스턴에서 벌어진 가두시위에 참여했고, 이 과정에서 존 도스 파소스(John Dos Passos), 잭 로슨(Jack Lawson), 도로시 파커(Dorothy Parker) 등과 함께 체포되었다. 그녀는 주지사 및 상원의원들을 접견하기도 했으나, 모두 허사였다.

사코와 반제티 사건은 국제적으로도 큰 반향을 일으켰다. 알베르트 아인슈타인(Albert Einstein)과 조지 버나드 쇼(George Bernard Shaw) 같은 유명 인사들이 미국 사법 제도를 비판하는 기고문을 발표했다. 그러나 결국 사코와 반제티는 1927년 8월 23일 사형에 처해졌다. 빈센트는 대중의 무관심에 분노하며, 같은 해 11월 9일 《아웃룩(Outlook)》지에 〈공포(Fear)〉라는 제목의 논평을 기고했다. 이 글에서 그녀는 사코와 반제티가 살인죄 때문이 아니라, 아나키스트이자 이민자였다는 이유로 희생되었다고 주장했다. 또한 미국 사회가 이민자들이 사용하는 언어나 사고방식의 차이를 용납하지 않으며, 결국 이로 인해 부당한 사형 집행이 이루어졌다고 강하게 비판했다. 이 기고문으로 인해 빈센트는 이후 공산주의자 혹은 무정부주의자라는 비판을 감수해야 했다.

1928년 9월, 빈센트는 시집 《눈 속의 사슴(The Buck in the Snow)》을 출간했다. 이 시집은 죽음과 인생의 덧없음과 같은 무거운 주제를 탐구하기에, 서정적인 초기 작품과는 뚜렷이 구별되었다. 이러한 변화는 1927년 사코와 반제티 사건 이후 빈센트의 문학 세계가 중대한 전환점을 맞이했음을 보여 준다. 그러나 대중과 비평가들의 반응은 엇갈렸다. 일부 독자와 평론가들은 빈센트가 변화하는 것을 반기지 않았고, 그녀에게 여전히 초기의 감수성과 서정성을 기대했다. 같은 해 12월 16일, 빈센트의 절친한 친구이자 동료 작가였던 엘리너 와일리(Elinor Wylie)가 세상을 떠났고, 이는 그녀에게 깊은 충격을 안겼다. 1928년,

빈센트는 시카고에서 조지 딜런(George Dillon)을 만났다. 당시 갓 대학을 졸업한 젊고 매력적인 문학도였던 딜런은 해리엇 먼로의 《시》의 부편집장이었다. 빈센트는 딜런과 사랑에 빠졌고, 그녀의 남편 유진은 이를 받아들였다. 빈센트와 유진은 결혼이라는 제도적 구속보다 개인의 자유와 행복을 중시하는, 매우 자유로운 결혼관을 공유하고 있었다. 이들은 서로를 사랑했으며, 상대방이 타인과의 관계를 통해 창작적 영감을 얻는 것을 존중했다. 유진은 빈센트의 창작 활동이 열정적 사랑과 긴밀하게 연결되어 있음을 이해하고 있었다.

빈센트는 딜런과의 연애를 통해 새로운 시들을 집필할 수 있었고, 그 결실이 1931년 4월 15일 출간된 《치명적 인터뷰(Fatal Interview)》다. 소네트는 이미 시대에 뒤떨어진 형식으로 여겨졌으나, 빈센트는 오히려 이 전통적 형식을 적극적으로 수용하며 새로운 예술적 성취를 이루었다. 《치명적 인터뷰》는 출간 후 즉각 베스트셀러가 되었다. 딜런과의 관계는 당대에는 비밀리에 유지되었다. 독자들은 이 연애시의 실존 모델에 대해 많은 추측을 했고, 시보다는 그 배경에 대한 소문이 더욱 큰 관심을 불러일으켰다. 《치명적 인터뷰》는 평단으로부터는 높은 평가를 받지는 못했다. 1931년 미국은 대공황의 영향으로 혼란 속에 있었으며, 사코와 반제티 사건 이후 빈센트의 사회적 참여와 문학적 성숙을 기대하던 비평가들에게 《치명적 인터뷰》는 당혹스러운 회귀로 여겨졌다. 이 시기 빈센트는 시인이라기보다는 연예인에 가까웠고, 대중은 그녀의 사생활에 더 큰 관심을 가졌다.

1931년 초, 빈센트의 어머니 코라가 향년 67세로 사망했다. 빈센트는 깊은 슬픔에 빠졌고, 한동안 창작은 물론 일상 활동조차 힘겨워했다. 그녀는 한 인터뷰에서 "어머니가 제게 시를 주셨습니다"라고 말할 만큼, 코라는 그녀의 문학적 삶에 중대한 영향을 미친 존재였다. 세 자매는 스티플탑에 어머니를 모시기로 합의했다. 장례식에는 유진 오닐도 화환을 보내 애도를 표했다. 같은 해, 막내 동생 캐슬린은 시집 《대문 앞의 걸인(The Beggar at the Gate)》을 출간했으나, 평단으로부터 냉담한 반응을 받았다. 그녀는 이후 시 쓰기를 중단한다. 캐슬린은 빈센트의 여동생이라는 이유로 평생 언니와 비교되었고, 이는 작가로서 그녀의 독립성과 정체성에 큰 제약을 주었다.

빈센트는 구겐하임 펠로십(Guggenheim Fellowship) 심사위원으로 오랜 기간 활동했다. 그녀는 이 역할을 매우 성실하고 진지하게 수행했다. 매년 약 두 달에 걸쳐 후보자들의 원고를 검토하고 상세한 평가서를 작성했는데, 남겨진 평가 기록들은 그녀의 완벽주의적 기질과 문학에 대한 높은 기준을 보여 준다. 빈센트는 연인 조지 딜런을 구겐하임 펠로십에 추천했는데, 그를 파리로 데려오고자 하는 사적 동기도 있었지만, 무엇보다 딜런이 유망한 재능을 가진 시인이라고 믿었기 때문이다. 빈센트는 또한 e. e. 커밍스(e. e. cummings)를 구겐하임에 추천하기도 했는데, 개인적으로는 그를 불편하게 여겼을지 모르지만, 시인으로서의 재능은 인정했던 것이다. 딜런은 1932년에, 커밍스는 1933년에 각각 구겐하임 펠로십을 수여받았다.

1932년 봄, 빈센트와 유진은 다시 유럽으로 향했고, 딜런 역시 파리로 건너왔다. 유진은 두 사람만의 시간을 배려하며 먼저 귀국했다. 그는 딜런이 빈센트에게 일종의 약이 된다고 생각했다. 1932년 4월 28일, 조지 딜런은 퓰리처상을 수상했으나, 수상이 곧바로 그의 삶을 획기적으로 바꾸지는 못했다. 빈센트와 딜런의 유럽에서의 밀회는 창작 측면에서 기대만큼의 결과를 낳지 못했다. 이들의 연애는 정서적으로는 충만했지만, 창작에는 큰 자극이 되지 못했다. 당시 파리에서 이들의 관계를 지켜본 이들에 따르면, 빈센트는 딜런을 지치게 했고, 딜런은 유진을 포함한 삼각관계에 적응하지 못한 채, 빈센트가 어느 한 사람을 선택하기를 원했다. 유진은 여전히 빈센트를 사랑했고, 두 사람의 관계를 인정하려 했지만, 그의 헌신과 경제적 의존은 빈센트와의 관계를 더욱 복잡하게 만들었다. 유진은 빈센트가 미국으로 돌아오지 않을까 염려했다.

1932년 6월 24일, 빈센트는 파리에서 미국 출신의 시인이자 소설가인 내털리 클리퍼드 바니(Natalie Clifford Barney)를 만났다. 바니는 페미니즘과 동성애 문학의 선구자로, 그녀의 살롱은 당대 유럽 문인들의 사교장이었다. 빈센트는 같은 해 7월 5일, 미국으로 돌아가기로 결심했고, 유진이 파리로 와서 그녀를 동행하여 귀국했다. 이후 12월 25일부터 빈센트는 8주간의 전국 라디오 방송을 진행했다. 매주 일요일 밤, 그녀의 목소리는 미국 전역에 방송되었고, 많은 청중이 그녀의 목소리에 빠져들었다. 미국 문학사에서 시인이 이처럼 대중적 인기를 누린 것은 이례적인 일이었으며, 시인이 전국 규모의 라디오 방송을 단독으로 진행한 것도 그녀가 처음이었다.

1933년 여름, 빈센트는 메인주의 카스코만(Casco Bay)에 위치한 작은 섬을 구입했다. 이후 그녀는 스티플탑과 이 섬을 오가며 계절별로 거주지를 달리하는 생활을 이어 갔다. 이 섬에서 그녀는 수영을 즐기고 시를 썼다. 창작 외의 시간에는 탐정소설을 읽으며 여가를 보냈다. 1934년 1월, 빈센트는 유진과 함께 마르세유로 떠났고, 유진의 형제 집에서 잠시 체류했다. 2월 18일에는 캅페라(Cap-Ferrat)에서 서머싯 몸(Somerset Maugham)과 점심을 함께했으며, 3월에는 파리를 거쳐 런던으로 향했다. 런던에서는 로런스 올리비에(Laurence Olivier) 부부와 만남을 가졌다. 같은 해, 딜런은 파리에서의 생활을 마무리하고 미국으로 귀국했으며, 새로운 시를 발표하는 대신 샤를 보들레르(Charles Baudelaire)의 시집 《악의 꽃(Les Fleurs du mal)》 번역에 착수했다. 그러나 번역 작업은 곧 난관에 봉착했고, 그는 빈센트에게 도움을 요청했다.

1934년 가을과 겨울, 빈센트는 북미 전역을 도는 순회 낭송회를 성공적으로 마쳤다. 새로운 시집 출간에 앞서 낭송회를 여는 일은 그녀에게 의례적인 관행이 되었고, 이 시기 그녀의 대중적 인기는 절정에 달해 낭송 요청이 끊이지 않았다. 19세기 영미 문학 전통에서 낭송회나 저자의 순회강연은 매우 인기가 있었다. 랠프 월도 에머슨(Ralph Waldo Emerson)과 마크 트웨인(Mark Twain)은 미국 전역을 돌며, 많은 독자들을 만났다. 낸시 밀퍼드에 따르면 빈센트의 낭송회는 이들보다도 더 인기가 있었다. 같은 해 11월 1일, 그녀의 시집 《이 포도의 와인(Wine from These Grapes)》이 출간되었고, 《눈 속의 사슴》에서 보여준 것보다 한층 철학적 성향이 강한 작품들이 다수 포함되었다. 특히 후반부에 실린 〈인류를 위한 묘비명(Epitaph for the Race of Man)〉은 빈센트의 후기 작품 가운데 가장 주목받는 시다. 이 시집은 에드먼드 윌슨과 엘리자베스 앳킨스와 같은 동시대인들로부터 높은 평가를 받았다. 과거 빈센트의 작품이 지적 깊이를 결여했다고 비판했던 존 크로 랜섬(John Crowe Ransom) 또한, 더 이상 그러한 비판은 유효하지 않다고 평가했다. 그러나 모든 평가가 호의적이었던 것은 아니다. 빈센트의 변화하는 문학 세계, 혹은 성숙해 가는 여성 작가에 대한 반응은 종종 엇갈렸다. 대중은 과거의 빈센트를 원했고, 새로운 세대는 새로운 시인을 찾고 있었다. 빈센트가 자신의 문학 세계를 변화시킬수록, 과거의 독자와 새로운 독자 모두 이를 낯설게 여겼다

《이 포도의 와인》은 출간 두 달 만에 35000부 이상 판매되었다. 미국은 여전히 대공황의 충격에서 벗어나지 못

하고 있었던 시점이었다. 빈센트는 이 시기 유럽의 정세에 대해 우려를 표했다. 《이 포도의 와인》 후반부의 소네트들은 명백한 반전(反戰)시의 성격을 띤다. 그녀는 세상에 대해 비관적이었고, 인류의 자기 파괴적 경향에 대해 깊은 슬픔과 동정을 느꼈다. 빈센트의 시 세계를 전기와 후기로 구분한다면, 전기는 서정시 중심, 후기는 성찰적 참여시 중심이라 할 수 있다. 후기 작품들은 문학사적 의의에도 불구하고 상대적으로 저평가되어 왔다. 이는 참여시가 빈센트 본연의 음악성을 반영하지 못한다는 평가와 문학소녀, 여성성, 젊은 천재와 같은 그녀에 대한 고정된 이미지 때문이다. 또한 후일 발표된 〈리디체 학살(The Murder of Lidice)〉과 같은 프로파간다 작품도 사람들이 그녀를 망각하는 데에 일조했다.

1935년, 빈센트는 조지 딜런과 함께 샤를 보들레르의 《악의 꽃》 번역 작업을 시작했다. 그해 여름, 두 사람은 스티플탑에서 공동 작업을 진행했으며, 유진은 이 둘만의 시간을 위해 스스로 자리를 비워 주었다. 당시만 해도 보들레르는 미국에서 잘 알려지지 않은 시인이었다. 빈센트는 자료 조사를 위해 잠시 프랑스를 방문하기도 했다. 1935년 9월 28일, 오랜 세월 연락이 끊겼던 아버지 헨리 밀레이로부터 편지를 받았다. 병들고 가난해진 그는 빈센트에게 도움을 청했다. 그해 12월, 헨리 밀레이는 사망했으며, 장례는 유진이 주관했다. 세 자매 중 어느 누구도 장례식에 참석하지 않았다. 1935년 말부터 1936년 초까지, 빈센트는 《악의 꽃》 번역 작업에 전념했다. 1936년 4월, 번역본이 출간되었다. 빈센트가 심혈을 기울였지만, 비평가들의 반응은 미온적이었다. 조지 딜런은 이후 다시는 번역을 하지도 시집을 출간하지도 않았다. 그는 해리엇 먼로 사후, 잡지 《시》의 편집장을 맡게 된다.

《악의 꽃》 출간 이후, 빈센트는 휴식기를 갖고 철학적 주제를 다룬 운문극을 구상하기 시작했다. 이 작품이 바로 〈한밤중의 대화(Conversation at Midnight)〉다. 원고 작업은 빠르게 진척되어 5월 중에는 거의 탈고되었다. 빈센트와 유진은 플로리다에서 휴가를 보낸 후, 스티플탑으로 돌아가기 전 새니벨(Sanibel)의 한 호텔에 머물렀다. 그러나 그곳에서 발생한 호텔 화재로 인해 〈한밤중의 대화〉 초고가 소실되었다. 빈센트는 스티플탑으로 돌아와 기억에 의지하여 작품을 처음부터 다시 집필해야 했다. 1936년 여름, 빈센트는 불의의 자동차 사고를 당했다. 유진이 운전하던 중 차량 문이 갑자기 열리면서 그녀가 낙상한 것이다. 사고 이전에도 건강 상태가 좋지 않았던 빈센트는 이 사고 이후 건강이 급격히 악화되었다. 특히 오른팔의 상태가 나빠져 타자를 하거나 피아노를 연주하는 일이 매우 어려워졌다. 사고 이후 1940년까지 세 차례 수술을 받았지만, 상태는 호전되지 않았다. 이후 그녀는 고통을 피하기 위해 약물과 술에 의존하게 되었고, 의사들은 그녀에게 모르핀을 처방했다.

1937년, 빈센트는 〈한밤중의 대화〉를 발표했다. 그녀는 이 작품을 친구 아서 피케에게 헌정했다. 《뉴욕 타임스 북 리뷰》는 이 작품을 1면에서 다루었다. 〈한밤중의 대화〉에는 다양한 배경을 지닌 일곱 명의 남성이 그리니치 빌리지의 한 고급 주택에 모여 밤새 대화를 나눈다. 이들은 사냥개 이야기에서 시작해 자본주의, 공산주의, 전쟁, 기계 문명 등 여러 철학적 주제를 논의한다. 이 작품은 엇갈린 평가를 받았다. 에드먼드 윌슨이나 마리언 비숍(Marion Bishop)은 이 작품에 대해 높은 평가를 내리지 않았다. 그러나 빈센트라는 이름 덕분에 판매는 호조였다. 그녀 역시 훗날 이 작품에 대해 비판적 입장을 취했다. 하퍼 출판사에서 희곡 선집을 출간하려 했을 때, 빈센트는 〈한밤중의 대화〉를 포함하는 것을 승인하지 않았다.

1938년부터는 중독과 건강 악화가 빈센트의 창작과 일상을 심각하게 방해하기 시작했다. 결국 그녀는 구겐하임 펠로십 위원직에서 사임했다. 심신의 피로로 인해 더 이상 이 직무를 수행할 수 없었던 것이다. 이해, 동생 캐슬린을 오랜만에 만났다. 캐슬린은 이혼 후 서부로 이주하여 영화 시나리오 작가로 활동하고자 했으나, 성공하지 못했고 알코올 중독에 빠졌다. 그녀는 자신의 불운을 빈센트 탓으로 돌리며, 경제적으로 의존했다. 1939년, 빈센트의 건강은 눈에 띄게 악화되었고, 그녀의 이상 행동은 주변 사람들의 눈에도 확연히 드러나기 시작했다. 빈센트는 통증으로 인해 모르핀에 더욱 의존하게 되었고, 알코올 중독 역시 심화되었다. 1939년 5월, 빈센트는 다시 순회 낭송회를 시작했다. 당시 사람들은 이 순회를 "찰스 디킨스 이후 최고의 투어"라고 회고했다. 낭송회의 규모는 커졌지만, 그녀는 끝까지 마이크 사용을 거부했다. 사람들이 목소리가 들리지 않는다고 항의하자, 오히려 더 깊은 정적을 요청하는 식이었다. 주변에서 볼 때 고집스러워 보일 수도 있지만, 빈센트는 시는 자신에게서 직접 나와야 한다는 확고한 신념을 지니고 있었다.

1939년, 그녀는 새로운 시집 《사냥꾼이여, 무엇을 쫓는

가?(Huntsman, What Quarry?)》를 출간했다. 이 시집에는 독일의 체코슬로바키아 점령을 비판하는 시를 비롯해, 절친한 작가 엘리너 와일리의 죽음을 애도하는 작품 등 다양한 주제의 시가 포함되어 있다. 수많은 문학적 성공에도 불구하고, 빈센트는 점점 경제적으로 어려운 상황에 처했다. 제2차 세계대전으로 인해 유진이 유럽에 보유하고 있던 재산이 대부분 사라졌고, 빈센트의 의료비는 감당하기 어려운 수준으로 증가했다. 이들은 결국 스티플탑을 저당 잡히는 데까지 이른다. 그녀의 외모 역시 급격하게 변해 갔다. 다양한 고통의 흔적이, 남겨진 사진 속에서 드러난다.

제2차 세계대전 동안, 빈센트는 전체주의를 비판하며 미국의 참전을 주장했다. 그녀는 미국 정부의 프로파간다 조직인 전시작가연대(Writer's War Board)를 지원했다. 1940년 11월 20일, 그녀는 프로파간다 시집 《화살을 갈아라(Make Bright the Arrows)》를 출간했다. 아서 피케는 이 시집의 출간을 반대했다. 그는 이 시집이 히스테리와 독설로 가득한, 저급한 수준의 프로파간다라고 평가했다. 빈센트 본인도 이 시집의 문제를 알고 있었으나, 시대의 요구와 대의가 더 중요하다고 판단하여 출간을 강행했다.

전쟁 중, 빈센트와 유진의 경제 상황은 급속히 악화되었다. 그녀의 전시작가연대 활동은 무급이었으며, 간헐적으로 시선집이나 낭송 음반을 발매하여 수익을 올렸지만, 지출에 비해 턱없이 부족했다. 이로 인해 빈센트는 하퍼 출판사에 선인세와 대출을 요청했다.

1940년 봄, 그녀는 출판사에 앞으로 12개월 동안 매달 1000달러를 달라고 요청했다. 당시에도 빈센트의 책은 꾸준히 팔리고 있었지만, 이 정도의 선인세는 출판사 입장에서 과도한 수준이었다. 결과적으로 그녀는 하퍼에 지속적으로 채무를 지는 상태가 되었다. 빈센트는 왜 이렇게 많은 돈이 필요했을까? 1940년 미국 인구조사에 따르면, 당시 가구당 중위 소득은 연간 1300달러 정도였다. 빈센트가 요청한 금액은 보통 가정보다 최소 대여섯 배, 많게는 열 배에 달하는 수준이었다. 이는 부분적으로는 막내 동생 캐슬린 때문이었다. 파산한 캐슬린은 끊임없이 금전적 지원을 요청했다. 그러나 보다 근본적인 이유는 빈센트 자신의 중독이었다. 다음은 1940년 12월 31일, 그녀의 반나절 일과를 기록한 것이다.

7:30 평온한 밤을 보낸 후 기상. 전날보다 통증이 감소함.

7:35 배뇨. 불편함이나 별다른 문제 없음.

7:40 모르핀 24.3밀리그램(8분의 3그램) 자가 피하 주사(왼쪽 팔). 출혈 다량 있었으나 곧 멈춤.

7:45~8:00 이집트산 담배 흡연. 과도한 흡연으로 입이 화끈거림.

8:15 갈증으로 냉장고에서 물을 찾았으나 없어, 마지못해 맥주를 마심. 두통, 무기력감, 불편함, 변비로 인한 불쾌감 동반.

8:20 담배 흡연.

9:00 담배.

9:30 진 리키(Gin Rickey)와 담배.

11:15 진 리키.

12:15 마티니와 담배 네 개비.

12:45 모르핀 16.2밀리그램(4분의 1그램)과 담배.

13:00 통증 악화. 요추 부위 통증. 모르핀 효과 없음.

한 해를 마무리하는 12월 31일, 빈센트의 하루는 모르핀 투여로 시작되었고, 담배와 술이 끊임없이 이어졌다. 빈센트와 유진은 이 시기의 중독 상태를 자세히 기록한 일지를 남겼는데, 빈센트는 하루에 약 200밀리그램의 모르핀을 투여했다. 이는 일반적인 암 환자의 하루 모르핀 투여량(60~120밀리그램)에 비해 월등히 높은 수치다. 문제는 모르핀만이 아니었다. 빈센트는 모르핀 외에도 넴부탈, 코데인과 같은 진정제와 마취제를 병용하고 있었다.

1941년, 빈센트는 출판사에 금전적 지원을 다시 요청했다. 편집자 유진 섹스턴(Eugene Sexton)은 언제나 그렇듯 그녀의 요청에 충실히 응했다. 하퍼는 빈센트의 소네트 선집을 출간할 예정이었는데, 판매 촉진을 위하여 서문과 미발표 소네트 두세 편을 빈센트에게 추가로 요구했다. 빈센트는 서문을 쓰려 했으나 끝내 완성하지 못하고, 아서 피케에게 도움을 요청했다. 피케의 눈에 비친 빈센트는 이전보다 훨씬 늙어 보였고, 그녀의 예리한 지성은 히스테리와 무절제한 감정에 가려져 있었다. 무엇보다도 그녀는 더 이상 좋은 시를 쓰지 못하고 있었다.

1942년 6월 10일, 체코슬로바키아의 리디체에서 학살이 발생했다. 전시작가연대는 이 사건을 추모하는 시를 빈센트에게 의뢰했다. 그녀는 그해 여름, 나치에 대한 분노를 담아 〈리디체 학살〉을 집필했다. 이 작품은 할리우드 배우 폴 무니(Paul Muni)의 목소리로 1942년 10월 19일 NBC를 통해 미국 전역으로 퍼졌고, 이후 영국과 유럽은 물론 남미에서도 방송되었다. 대중은 이 작품에 찬사를 보냈으나, 피케와 같은 오랜 친구들은 프로파간다를 쓰는 일이 빈센트에게 얼마나 해로운지 알고 있었다. 의도했든 아니든, 빈센트는 끊임없이 글을 써야 하는 상황에 놓여 있었다.

빈센트의 외모가 급격히 변한 것을 보고 모르는 이들은 젊었을 때의 화려하고 방탕한 삶의 결과라고 생각했으나, 실제로는 중독과 과로가 주된 원인이었다. 피케는 빈센트의 신경 쇠약이 인기가 추락한 탓이라고 여겼다. 그녀는 더 이상 무대의 중심이 아니었다. 1942년, 50세가 된 빈센트는 감정적으로 불안정했고, 육체적으로도 쇠약했다. 그러나 가장 심각한 문제는 그녀 스스로도 인식하고 있었다. 더 이상 그녀는 시를 쓰고 있지 않았으며, 이를 치유할 방법이 보이지 않았다.

1943년 7월, 오랜 세월 빈센트의 편집인이었던 유진 색스턴이 사망했다. 그는 때때로 어려울 수 있는 작가와 출판사의 관계를 원만히 유지해 준 중재자였다. 이어 9월 21일, 빈센트에게 경제적으로 의존하던 막내 여동생 캐슬린 또한 세상을 떠났다. 1945년 2월, 빈센트는 중독을 극복하고자 병원에 입원했으나 실패했다. 그해 여름, 그녀와 유진은 자신들의 별장에서 자가 치유를 시도했다. 한편, 피케는 후두암으로 투병하다가 그해 겨울 사망했다. 피케는 1912년부터 관계해 온 오랜 연인이자 친구였다. 그의 죽음은 빈센트에게 치유될 수 없는 상실감을 남겼다. 1946년 봄, 그녀는 오랜만에 시를 쓰기 시작했다.

1949년 8월 29일, 남편 유진이 뇌출혈로 사망했다. 향년 69세였다. 유진은 오랜 세월 동안 빈센트의 삶 전반을 책임져 왔다. 그는 그녀의 비서이자 집사, 운전사이자 요리사였다. 유진을 대신할 수 있는 이는 없었다. 유진이 사망한 지 2주도 되지 않아 빈센트는 1주일가량 입원했다. 그녀는 우울증과 영양실조 증세를 보였다. 퇴원 후, 빈센트는 혼자 살기를 고집했고, 스티플탑을 떠나는 것도 거부했다. 1925년부터 부부를 도와 온 존 피니(John Peeny)가 농장 일을 전담했으며, 동네 우체국장 메리 헤런(Mary Herron)이 서신 교환, 수표, 세금 등 실무적인 문제를 도와주었다. 유진의 죽음 이후, 빈센트는 이웃들의 도움을 받아 홀로서기를 준비했다.

1950년 10월 19일, 스티플탑 자택에서 빈센트는 사망한 상태로 발견되었다. 사인은 낙상이었으며, 2층 침대에서 내려오는 계단에서 뛰어내린 것으로 추정된다. 그녀의 노트에는 미완성인 시가 하나 있었는데, 마지막 세 행에 동그라미가 처져 있었다.

나를 억제할 것이다 그러지 않으면 안으로 들어갈 것이다
나의 슬픔으로 완벽에 흠을 내지 않을 것이다
아름다운 날이다 누가 죽었든 간에

향년 58세였다. 장례식은 간소하게 치러졌으며, 유족들은 그녀의 시신을 화장한 후, 스티플탑에 있는 유진의 묘지에 합장했다. 그녀의 이름을 딴 상은 제정되지 않았으며, 그녀를 기리는 재단도 설립되지 않았다. 생전의 명성에 비해 사후의 헌사는 미약했다. 1950~1960년대 평단과 문학계는 남성 모더니스트 중심이었고, 그들의 시선에서 빈센트는 충분히 모던하지 않은 시인이었다. 그녀의 시에는 모더니즘적 요소가 일부 있었지만, 그녀의 가장 뛰어난 성과는 결국 전통의 소네트였다. 빈센트는 그들에게 충분히 모던하지 않았던 것이다.

빈센트 사후, 둘째 여동생 노르마는 1986년 사망할 때까지 그녀의 유산 집행인으로서 빈센트의 남겨진 작품과 기록들을 관리했다. 노르마의 감독하에 빈센트의 편지 모

음집 《에드나 세인트 빈센트 밀레이의 편지(Letters of Edna St. Vincent Millay)》가 1952년에, 유고 시집 《수확을 거두다(Mine the Harvest)》가 1954년에 출간되었다.

옮긴이에 대해

김영훈은 현재 동국대학교 WISE캠퍼스 영어영문학과에서 부교수로 재직하고 있다. 미국 대중문화가 주 연구 분야이며, 지금까지 포스트네트워크 시대 텔레비전 드라마에 관한 다수의 논문을 발표했다. 최근에는 영문학의 한국화와 한국학의 세계화가 공유하는 영역을 탐사하며 다양한 학제 간 연구를 시도하고 있다. 특히 1960~1970년대 한국 사회에서 발생한 대중문화의 이식과 변이의 역사, 그리고 현대 한국 보수 문화 감수성의 기원으로서의 미국 대중문화에 대해 연구하고 있다. 역서로는 조르조 아감벤의 《벌거벗음》, G. 브루스 보이어의 《트루 스타일》, 빈센트 빌레이의 《또 다른 사월》과 《잉겅귀에 열린 무화과》가 있다. 2023년 가을부터 2024년 봄까지 캐나다 브리티시컬럼비아 대학교 동아시아학과에서 방문교수로 연구했다.

부활 그리고 다른 시

지은이 에드나 세인트 빈센트 밀레이
옮긴이 김영훈
펴낸이 박영률

초판 1쇄 펴낸날 2025년 10월 24일

커뮤니케이션북스(주)
출판등록 2007년 8월 17일 제313-2007-000166호
02880 서울시 성북구 성북로 5-11
전화 (02) 7474 001, 팩스 (02) 736 5047
전자우편 commbooks@commbooks.com
홈페이지 www.commbooks.com

지식을만드는지식은
커뮤니케이션북스(주)의 고전 출판 브랜드입니다.

ISBN 979-11-430-1288-3 03840

책값은 뒤표지에 있습니다.